TSCHINGIS AITMATOW
LIEBESERKLÄRUNG AN DEN BLAUEN PLANETEN

Tschingis Aitmatow

Liebeserklärung an den blauen Planeten

Essays
Gespräche

HORIZONTE

Tschingis Aitmatow
Liebeserklärung an den blauen Planeten
Essays / Gespräche
Aus dem Russischen von
Susanne Heinke, Feizollah Namdar und Anatoli Smirnow
Mit Zeichnungen von Leonid Tschernovzi

1. Auflage. 1993

Umschlaggestaltung: Peter Spiegel, Stuttgart
Umschlagmotiv: Mahmoud Farshchian
Druck: Franz Spiegel Buch, Ulm

ISBN 3-89483-002-6
Printed in Germany

Inhalt

Vorwort

Was könnte die Klammer, das übergreifende Thema so scheinbar völlig disparater Elemente von Fabel über Essay bis Gespräch sein, daß es eine Zusammenführung in einem Buch sinnvoll werden ließe? Und dann noch der poetische Titel: »Liebeserklärung an den blauen Planeten«. Was macht einen Beitrag von Aitmatows Biographen über Aitmatows Werk zu Poesie?

Vielleicht erschließt sich die Antwort auf diese Fragen gerade dann, wenn man die Lektüre dieses Buches mit Wladimir Korkins Essay »Von der Leidenschaft des Lebens und der Kunst des Lesens« beginnt. Nicht nur, daß hier ein Biograph mit eigener poetischer Kraft ans Werk eines großen Poeten geht. Korkin stellt hier die Schlüsselfrage zum Verständnis der Wandlungen und gleichzeitig der inneren Klammer von Aitmatows Lebenswerk in provozierender Klarheit und Kürze: »Ist Tschingis Aitmatow gläubig?«

Warum soll ausgerechnet eine so unzeitgeistgemäße Frage ins Herz von Aitmatows Werk führen und darüber hinaus einen bemerkenswerten Zugang zur überhand nehmenden Not der Menschheit kurz vor der Jahrtausendwende anbieten? - Nein, Aitmatow ist nicht gläubig in dem Sinne, wie jeder aufgeklärte Mensch Glaube und Religion in ihren reichen Erscheinungsformen des Zerfalls zur Genüge kennenlernte. Nein, Aitmatow ist nicht gläubig im Sinne irgendeiner festgefahrenen oder eingeengten Frömmigkeit oder Form. Nein, Aitmatow ist erst recht nicht gläubig an die seligmachende Wirkung der großen prägenden Ideologien unseres Jahrhunderts - zu nah ist ihm dazu die Erfahrung, wie leichtfertig Ideologien Menschen zu Müll degradieren und wie schnell sich diese Ideologien und ihre Weltreiche schließlich selbst auf der Müllhalde der Geschichte wiederfinden können. Ja, Aitmatow ist gläubig, wenn man Glauben jenseits solcher Verzerrungen und Pervertierungen sucht, wenn man Glauben als eine besondere Annäherungsweise an die inneren Werte und Ideen auffaßt, die das Leben und den Kosmos zusammenhalten. In diesem Sinne ist Aitmatows Werk seinem innersten Herzschlag nach *religio* - Rückbindung an die Urfragen des menschlichen Seins und Sinns.

Aitmatow, so zeigt uns Korkin, versteht es wie selten ein Schriftsteller, selbst die scheinbar alltäglichsten Dinge in epische Größe und tiefste menschliche Anfrage an Wirken und Willen des Universums zu heben. Sofern man bereit ist, Religion auf diesen ursprünglichen Impuls zurückzuführen, erschließt sich Aitmatows Literatur in *allen* Perioden seines Schaffens grundlegend und stringent als einer der kostbarsten Beiträge dieses Jahrhunderts zu einer gereinigten, ursprünglichen Annäherung an die transzendenten Fragen.

In der Fabel »Die von Michail getroffene Wahl«, in dem Gespräch »Liebeserklärung an den blauen Planeten« kommt diese bereits bekannte Dimension Aitmatowscher Wahrnehmungs- und Mitteilungsweise insbesondere in der Brechung an den historischen Umwälzungen seines Landes zu aktuellem Ausdruck. Doch kann uns die Hinterfragung - und sei sie noch so tiefgehend - des Vergangenen und Gegenwärtigen genügen? Dürfen wir die Frage nach großen geistigen, sozialen und kulturellen Durchbrüchen des Menschlichen etwa aufgeben, weil Religionen und Ideen ideologisiert und mißbraucht wurden? Wir wissen doch heute, daß Wissenschaft und Technik, die modernen Glücksverheißer kein menschliches Glück produzieren können. Ist also Gott wirklich tot, oder nur unsere Beschränktheit, mit seiner Offenbarung in Gestalt der Natur und der Religionen umzugehen?

In dem Essay »Was vermag das Wort auszurichten?« noch allgemein und in dem Gespräch »Von den Quellen der Inspiration und der Einheit des Lebens« sehr konkret - wenn auch in der bewußten Bescheidenheit des vor allem fragenden Gesprächspartners - sucht Aitmatow die Schlacken und Grenzen unserer oft noch kindlich unreif wirkenden Anfragen an Sinn, und das heißt konkret: an die Zukunft des Menschseins zu überwinden. Auf diesem Wege selbst noch Wanderer, scheint seine Botschaft in dem genannten Gespräch dennoch klar: Wir müssen wieder um unsere Unwissenheit wissende und dadurch vorurteilsfreie Sucher werden. Wir sind an einem Punkt angelangt, wo wir *existenziell* darauf angewiesen sind, uns weit jenseits unserer vertrauten privaten Glaubenssätze - seien diese nun eher optimistisch oder skeptisch - neu zu orientieren.

Angesichts völlig neuer Parameter für das menschliche Leben auf diesem Planeten müssen wir zunächst anerkennen, daß wir die integrationstauglichen Ideen für ein fünfmilliardenfach differenziertes und doch miteinander vernetztes Menschheitsgebilde nicht kennen. Nach Form und Inhalt stehen wir sogar noch hinter dem Anfang einer Neuannäherung an Werte, die imstande sein könnten, den Blick auf den blauen Planeten auch nur wieder hoffnungsvoll werden zu lassen, denn noch scheinen wir nicht bereit, uns wirklich tabufrei mit einem echten Neubeginn ganzmenschheitlicher Wertsetzung und Wertumsetzung zu befassen. Während einige bereits - wenn auch noch schwammig und konzeptionslos - nach »neuen Werten« rufen und nicht recht wissen, wo und wie nach ihnen suchen, sieht der Großteil des Kultur- und Intelligenzijabetriebes seine Berufung noch immer im Tabubrechen der alten, schon längst im Verwesungszustand befindlichen Werte. Daß der daraus abgeleitete Lifestyle des fortschreitenden Wertebrechens jedoch weder individuellen noch sozialen »Fortschritt« produziert, sondern in seiner Tendenz nur progressive Sinnverzehrung und Weltzerstörung, dämmert langsam den Nachdenklichen. Das oft aggressiv vertretene Nachdenkverbot über den Wert von Werten hat sich selbst an ein Ende gebracht.

Aitmatow betreibt mit diesem Buch Tabubruch in die andere Richtung. Lauschen wir dem Echo.

Peter Spiegel

Die von Michail getroffene Wahl

Eine Fabel

Wahrlich, Michail Gorbatschow läßt auch jetzt niemanden gleichgültig, polarisiert Meinungen und Emotionen noch, als das Ende der mangelhaften und widersprüchlichen Periode, die er verkörperte, nunmehr offenbar ist.

So kommt es, daß die Sympathisanten des ehemaligen Präsidenten sich sorgen und ihm statt des Abschiedskusses den Bruderkuß geben. Aus ihrer Sicht ist er die herausragende Figur des 20. Jahrhunderts, die die politische Arena nach einer unvermeidbaren Niederlage verläßt. Andere, die grausam sind, schreien sich heiser, hängen an seinem Rockschoß, lachen aus vollem Halse, stampfen mit den Füßen und werfen auf ihn den ersten Stein. Sie zeigen so den allerhöchsten Zynismus, der zum Verhaltensmuster von Bevölkerungsschichten geworden ist, die in den letzten Jahren auf dem Pfad einer sich wiederaufbauenden Demokratie wie Schimmelpilze hochgeschossen sind. Dies war, nüchtern besehen, auch gar nicht anders möglich.

Andere wiederum sind tief entrüstet, verfluchen Gorbatschow wegen der Warteschlagen vor den Geschäften, und nicht wenige sind es, die angesichts der in Ruinen zerfallenen, ehemaligen Supermacht - deren allumfassende Größe und furchtbarer Charakter den allerletzten Sinn ihres Daseins verkörperte - den verhaßten, wagemutigen Reformer ausschimpfen.

Selbst wenn der »Verantwortliche« dieses Debakels - Gott sei mein Zeuge - nichts von dem wünschte, was geschehen ist, und also selbst völlig fassungslos dasteht... Vielleicht hätte es wirklich nicht anders kommen können...

Dies erinnert mich an ein kleines Ereignis, das vor fünf Jahren geschah.

Gorbatschow hatte mich damals zu einem Gespräch geladen, an das ich mich - neben vielen anderen Gesprächen - heute noch besonders gut erinnere. Zur Diskussion stand damals die Lage der sowjetischen Republiken in Zentralasien und die Lage der Nation. Aber das Thema des Gesprächs kam nicht zur Erörterung. Zweifellos war es mein Fehler, daß unsere Unterredung endete, nachdem sie ungewollt eine ganz andere Wendung genommen hatte. Das war so:

Um das Nachfolgende heute verstehen zu können, muß der Leser sich vor Augen halten, daß die Perestroika - ein noch nie dagewesener demokratischer Reformprozeß - damals gerade erst angefangen hatte. Doch schon bestätigten sich immer unabweislicher die tückischen Gerüchte über Unzufriedenheit und ließen die Kritik sowohl von der Linken wie von der Rechten, sowohl von den Demokraten als auch von den Parteigängern anwachsen. Jedem seine Ursache, jedem sein Motiv. Der Zusammenbruch der Wirtschaft wollte kein Ende finden.

Zweifellos war Gorbatschows Herz damals sehr schwer. Man las auf seinem Gesicht Zeichen innerer Besorgnis, sogar dann, wenn er sich wie immer aufmerksam zeigte, freundschaftlich lächelte und seine Augen, von einem charakteristischen Glanz beseelt, gelegentlich aufleuchteten.

Wir saßen uns gegenüber in einem seiner zahlreichen Büros im Kreml. Bevor er zum Thema kam, war es für Gorbatschow selbstverständlich, sich zu erkundigen: Gab es etwas Neues, an dem ich gerade schreibe, was war das Thema und was kommt danach, Roman oder Erzählung? Er wußte nicht, daß er einen sehr empfindlichen Punkt getroffen hatte: Ich hatte damals Angst, keine Zeit zum Schreiben zu finden. Aber in diesem Augenblick und an diesem Ort beschloß ich, mich ihm mitzuteilen:

»Nun, Michail Sergejewitsch, wie soll ich es Dir sagen«, antwortete ich, »Schreiben ist immer schwieriger geworden: Die Freiheit scheint total zu sein und im selben Augenblick ist sie geringer. Man findet für nichts mehr Zeit. Wir stehen im Dienste der Perestroika. Der gleiche Wind trägt uns alle fort.«

»Wir sind, genauer gesagt, in alle Winde zerstreut«, lächelte schalkhaft, erstaunt und kopfschüttelnd mein Gesprächspartner.

»Ja, so ist es«, stimmte ich zu, »die Perestroika trägt uns fort wie ein Wirbelsturm. Ich hatte nicht erwartet, daß die Demokratie so aufreibend sein kann.«

»Ich verstehe, und ich verstehe sogar sehr gut«, antwortete Gorbatschow. Er lächelte mir teilnahmsvoll zu.

»Ja, natürlich, die Zeit ist knapp, andererseits haben wir eine sehr wichtige Entdeckung für unsere Seele gemacht: Man muß sich beeilen, um den Sinn dieser unvorhergesehenen Ereignisse zu verstehen! Künstler, Philosoph oder Politiker, jeder hat sein Wörtchen mitzureden! Wie jedes andere menschliche Wesen auch.«

Schicksalhafte Frage

Im Laufe des Gesprächs schnitt ich das Problem an, das mir damals am meisten am Herzen lag, ein Problem, das lange in unserer Gesellschaft durch die sozialistische Ideologie unterdrückt wurde: und zwar das Problem der Macht, und wie verhängnisvoll sie für ihren Träger ist kraft ihrer unendlichen Widersprüchlichkeit und der unausweichlichen Katastrophe, in die sie hineinführt.

Ich hatte die Vorahnung, daß diese schicksalhafte Frage in irgendeiner Weise Gorbatschows eigenes Schicksal betraf. Sie tauchte im Verlauf des Gesprächs auf: Kann man sich jetzt bereits voll bewußt werden über das Martyrium des Reformators, der unter dem Totalitarismus steht?

Kurz, das Gespräch drehte sich um das Phänomen der Macht, ihrer Nutzung und des zu zahlenden Preises für die Vorherrschaft eines einzigen Menschen über die Mehrheit. Obwohl ich deutlich sein wollte, schien es mir taktisch falsch, auf unmittelbare Weise zu reden. So schlug ich einen Umweg ein. Indem ich meine schöpferischen Pläne äußerte, habe ich die Gelegenheit benutzt, Gorbatschow eine orientalische Fabel zu erzählen. Ich habe sie dargelegt, als ob ich laut meditieren würde.

Die Fabel

Hier ist eine wahre Geschichte, die eine Wunde in meiner Seele wieder aufreißt. Eine alte Erzählung, an die ich oft auf Reisen, in der Versammlung, in traulicher Zweisamkeit oder auch in Gesellschaft denke. Das Wesentliche dieser Legende drückt sich in folgenden Worten aus:

Es war einmal ein gewisser Prophet, der zu einem großen Fürsten kam. Sie führten ein tiefes und höchst vertrauliches Gespräch. Während ihres Gesprächs erklärte der Besucher dem großen Fürsten:

»Dein Ruf ist groß, du sitzest fest auf deinem Thron, aber ein auf den ersten Blick recht sonderbar anmutendes Gerücht ist mir zu Ohren gekommen: Du träumst davon, dein Volk mit Wohltaten zu überhäufen, über Jahrhunderte hinweg möchtest du den Leuten allumfassendes Glück geben. Anders gesagt: Du träumst davon, dem Volke die Freiheit, die absolute Freiheit, die absolute Gleichheit der Rechte zu geben.«

»Ja,« erwiderte der Herr, »ich lasse diese Gedanken schon lange in mir reifen, und wahrlich, ich bereite mich darauf vor, genauso zu handeln. Dies ist meine Überzeugung und so wird meine Entscheidung sein.«

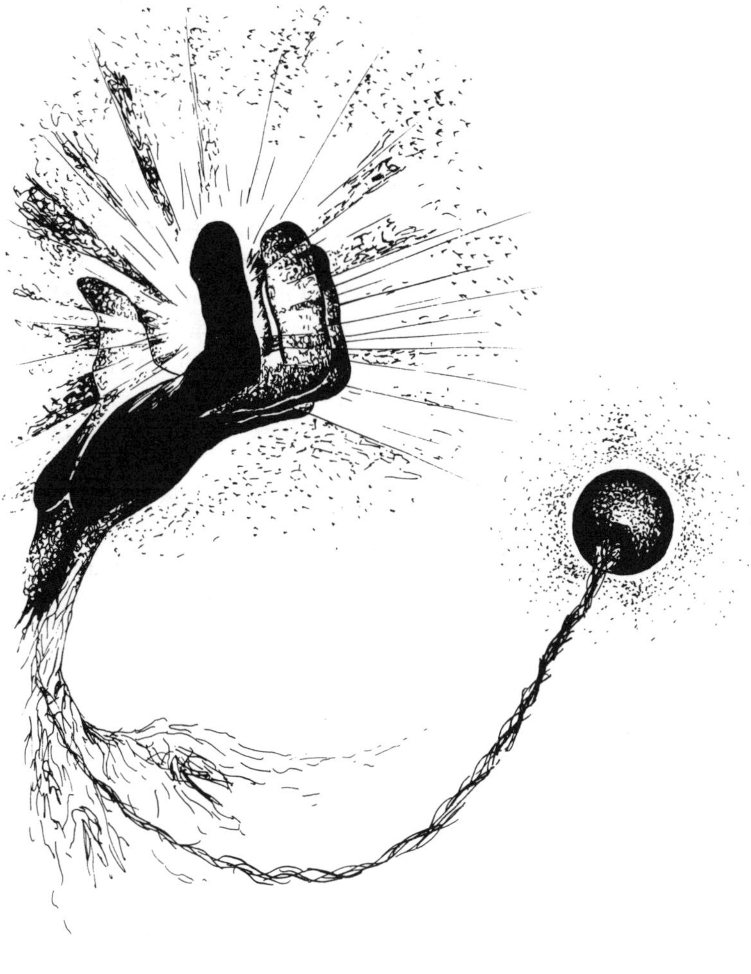

Der weise Besucher schwieg, dann sagte er: »Das also, o Herr, ist ein sehr hohes und rühmliches Streben, das dir endloses Glück bescheren wird. Es wird dein Bildnis zur Stufe eines Gottes erheben. In meinem Innersten bin ich mit dir. Aber meine Aufgabe ist es, dir die ganze Wahrheit zu enthüllen, es wird dann bei dir liegen, Schlüsse daraus zu ziehen.

O Herr, es werden sich dir zwei Wege, zwei Schicksale, zwei Möglichkeiten bieten. Und es hängt nur von dir ab, zu handeln, wie du es für richtig hältst. Die eine Art zu regieren besteht darin, deinen Thron zu festigen, indem due gnadenlos regierst, der Tradition deiner Vorgänger folgend.

Jetzt stehst du auf dem Gipfel deiner unverrückbaren Macht, die dir erblich und legal zuteil wurde. Jetzt bist du im Vollbesitz deiner Kraft und deiner Macht. Dieses eine Schicksal befiehlt dir nun, zukünftig diesen eingeschlagenen Weg zu gehen. Von Stund an wirst du an der Macht bleiben, bis ans Ende deiner Tage. Dann wirst du in Frieden ruhen, zu deinem eigenen Wohl und dem Wohl deines Geschlechtes, und deine Nachfolger werden deinen Spuren folgen.«

Während dieser Zeit schwieg Gorbatschow, er lauschte andächtig meiner Fabel, die, wie ich glaubte, genügend durchsichtig und nicht unangebracht war, erzählte sie doch in einer Märchenform von wunderbaren Zeiten. Dann habe ich den zweiten Teil der Prophezeiung des Weisen vorgetragen.

Warum geschieht das so?

»Aber dein anderes Schicksal«, sprach der Prophet zu dem auf dem Machtgipfel thronenden Menschen, »ist der schwierige Weg des Martyriums. Denn wisse, o Fürst, die Freiheit, die du verschenken willst, wird sich in schwärzeste Undankbarkeit verwandeln und dir entgegengebracht werden von all jenen, die diese Freiheit bekommen.

Das liegt in der Natur solcher Phänomene. Aber warum geschieht das so? Warum? Warum sollte sich diese Unsinnigkeit, diese Zusammenhanglosigkeit durchsetzen? Es scheint so, als müsse sich alles ins Gegenteil verkehren. Wo also ist die Gerechtigkeit? Wo die Vernunft? Niemand wird darauf antworten können, es ist das undurchdringliche Geheimnis des Himmels und der Hölle. Seit jeher war es so und wird es so sein. Und dir wird dasselbe Schicksal widerfahren. Die Leute, die zur Freiheit verdammt sind, werden aufhören sich zu unterwerfen und werden sich wegen ihrer Vergangenheit an dir rächen. Es werden sich Menschenansammlungen bilden, um dich zu verleumden, man wird dich auf den Märkten verspotten, man wird witzeln und dich und die deinen lächerlich machen. Eine Anzahl deiner treuen Waffengefährten werden offen gegen dich schmähen und deinen Unterweisungen entgegentreten. Und du wirst, o großer Mensch, Kummer und Erniedrigung erfahren und dich bis ans Ende deiner Tage nicht wehren können gegen den beständigen Wunsch deiner Nächsten, dich zurückzustoßen und deinen Namen zu beschmutzen. Darum obliegt es dir, nach deinem freien Willen dein Schicksal zu wählen, entweder das eine oder das andere.«

Daraufhin sagte der Fürst zum Weisen:

»Warte sieben Tage auf mich an meinem Hof. Was mich anbelangt, so werde ich mich in die Meditation versenken. Wenn ich dich nach sieben Tagen nicht zu mir zurückrufe, dann ziehe deines Weges…«

Dies ist die alte Geschichte, der Gorbatschow während unserer Begegnung lauschte. Er verharrte ergriffen und sein Gesichtsausdruck wandelte sich; ich bedauerte schon mein Vorgehen und machte mich daran, Abschied zu nehmen, als er mir mit einem bitteren Lächeln sagte:

»Ich verstehe den Sinn deiner Rede. Und nicht nur das, was im Buch kommen wird. Aber es hat keinen Zweck, sieben Tage auf mich zu warten. Auch sieben Minuten wären schon zu viel. Ich habe meine Wahl bereits getroffen. Und ich werde nicht davon abweichen, koste es, was es wolle und egal wie mein Schicksal sein wird. Ich will nur die Demokratie, ich will nur die Freiheit, ich will uns nur erlösen von einer schrecklichen

Vergangenheit und will für niemand Diktatur. Und das Volk wird mich so beurteilen, wie es ihm gefällt... Ich bin bereit, diesen Weg einzuschlagen, sogar dann, wenn ein Großteil unserer Zeitgenossen mich nicht versteht...«

Mit diesen Worten trennten wir uns.

Liebeserklärung an den blauen Planeten

Ein Gespräch
mit Susanne Heinke und Anatoli Smirnow

Ihr Roman »Ein Tag länger als ein Leben« ist vor einiger Zeit in einer erweiterten Fassung neu aufgelegt worden. Sie beschreiben darin nun Verhaftung und Tod des Lehrers Abutalip Kuttybajew, der Opfer der Stalinschen Repression wird, und haben die Legende »Die weiße Wolke Tschingis Khans« hinzugefügt. Was hat Sie dazu veranlaßt, Ihren Roman zu überarbeiten?

Es gibt zwei Bücher, in denen ich seinerzeit nicht vollständig das schreiben und ausdrücken konnte, was ich wollte. Zum ersten handelt es sich um die Erzählung »Von Angesicht zu Angesicht«. Diese Erzählung heißt nun »Die Frau des Deserteurs« und ist in einer neuen Ausgabe in der gleichen Fassung in Finnland und Frankreich erschienen. Ich bin buchstäblich nach vorgestern in die Kriegszeit zurückgekehrt. Hier liegt der Beginn meiner Eindrücke und Beobachtungen des Lebens. Ich konnte mich in meiner ersten Erzählung nicht frei ausdrücken, weil in der sowjetischen Literatur die Tendenz herrschte, den Krieg nur heroisch als Überwindung des Feindes und als Sieg darzustellen.

Der Sieg war ein kollektives Ereignis. Natürlich hatte jeder beteiligte Kämpfer seinen Anteil an ihm. Doch heute urteile ich so: Das Schicksal eines einzelnen Menschen, eines Individuums, wiegt nicht weniger. Damals dachte ich das noch nicht, sondern fühlte es nur instinktiv, ohne es schon begriffen zu haben. Staat und Persönlichkeit, Krieg und einzelnes Individuum wurden als Aspektepaar in unserer Literatur fast nicht berührt. Ich bin zufällig darauf gestoßen, weil ich mich entschlossen hatte, das Schicksal einer Frau zu beschreiben, deren Mann desertiert war. Es gab solche Fälle, die meistens tragisch endeten, aber ich traute mich noch nicht, es in meiner Geschichte auch so zu schreiben.

Doch auch in meinem Roman »Ein Tag länger als ein Leben« fehlte ein bestimmter Handlungsstrang, der damit verbunden ist, daß sich ein Mensch, ein Individuum, nicht einer höheren Macht unterordnen will. Er gerät in Konflikt mit ihr und verstößt gegen sie. Es ist eine Legende, die im 13. Jahrhundert zur Zeit des Feldzugs Tschingis Khans spielt. Bei uns wurden solche Anspielungen häufig verwendet - man sagt das eine, aber meint etwas anderes.

Der Tschingis Khan aus der Legende, die vom Lehrer Abutalip niedergeschrieben wurde, steht am Anfang eines lang geplanten Feldzugs nach Westen, wobei Westen für ihn Rußland war. Der Gedanke der Weltherrschaft war es, der ihn antrieb, und er kannte nur eine einzige Weise, dieses Ziel zu erreichen: Krieg, Unterwerfung und Vernichtung ganzer Völker. Doch wie kam es dazu, daß er seinem Heer befahl, den Feldzug fortzusetzen, er selbst aber im Grunde weglief und diese so intensiv und machtvoll geplante Sache auf halbem Wege verließ? Welche Kraft zwang ihn umzukehren? Ein abergläubischer Schrecken, der ihn ergriff, als die weiße Wolke, die den Feldherrn immer auf seinem Weg zu großen Siegen begleitet hatte, plötzlich verschwand?

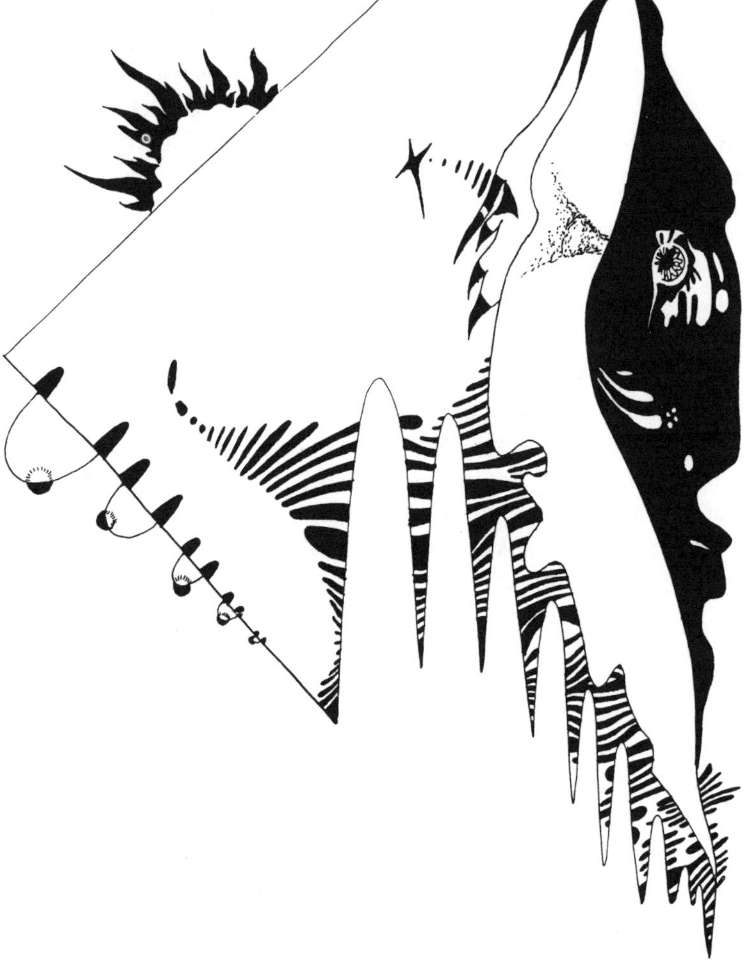

Nein, hinter diesem Omen vebirgt sich etwas Ernsteres. Seine totalitäre Macht stieß auf eine höhere Eigenschaft der menschlichen Natur, auf den aufbegehrenden Geist der Freiheit der Persönlichkeit, auf die eigentliche Bestimmung des Menschen: Glück durch die Freiheit des Geistes. Der Despot stieß auf den inneren Ungehorsam von Menschen, über deren Existenz er noch nicht einmal nachgedacht hatte, und für die ihre Liebe und ihr persönliches Glück wichtiger waren als die Welteroberungspläne des Führers. Zuerst bewertete er das nur als eine Episode. Er tat dies um so mehr, als die Bestrafung der beiden Liebenden, die sein Verbot gebrochen hatten, im gegebenen Falle auch noch die Wehrmoral stärkte, weil sie die Angst vor ihm, Tschingis Khan, schürte. Aber für ihn selbst war es der Beginn des Zweifelns und ein unsichtbares Scheitern der Kraft totalitärer Macht. Es wurde ihm deutlich, daß auch Menschen um ihn waren, die selbständig dachten und handelten, selbst im Angesicht des Todes.

Ich fühlte seinerzeit, daß der ganze Roman nicht veröffentlicht werden würde, wenn ich dieses Kapitel schriebe. Ich hatte schon früher Bekanntschaft mit der Zensur gemacht, und zwar bei einem Stück, das ich mit einem kasachischen Dramaturgen geschrieben hatte, den »Aufstieg auf den Fudschijama«. Es ging dabei um die Nachkriegszeit, den Zerfall dieses Milieus. Ich mußte damals immer zu Grischin gehen, der Vorsitzende des Moskauer Stadtkomitees war. Bei ihm war alles konzentriert, er erteilte die Genehmigung, ein Stück zu zeigen, oder auch nicht.

Ein anderer Faktor kommt hinzu. Wir haben eine Zeit durchlebt, in der alles vor der Revolution Gesagte und Getane dem Zweifel unterzogen wurde, volksfeindlich zu sein und nicht unserem sozialistischen Verständnis und Empfinden zu entsprechen. In dieser Periode wurde ein Kampf gegen das »volksfeindliche« epische Erbe geführt. Alle Epen, Mythen und Legenden wurden unter diese Lupe genommen. Ein Beispiel ist das kirgisische Nationalepos »Manas«, ein gigantisches Werk, das ein Erzähler nicht an einem einzigen Abend und noch nicht einmal an allen Winterabenden zusammengenommen vortragen konnte. Für das Volk war die Rezitation dieser Verse und die Erinnerung an die Vergangenheit ein großartiges Ereignis. Doch all das ist seinerzeit scharfer Kritik unterzogen worden. Viele hatten darunter zu leiden, viele kamen ins Lager und kehrten nie wieder von dort zurück. Es waren die besten Erzähler und Rezitatoren unseres Volkes.

Ein anderes Problem in bezug auf das Epos »Manas« waren später unsere Beziehungen zur Volksrepublik China. Die schlimmsten Feinde, mit denen der kirgisische Volksheld Manas zu kämpfen hatte, waren eben Chinesen, chinesische Okkupanten. Deshalb wurde die Volkssage auch in den Breschnew-Zeiten heftig angegriffen. Es wurde verlangt, daß wir »Chinesen« in »Kalmüken« umbenennen sollten.

Um den Inhalt meines Romans nicht bis an die Grenze des Möglichen zuzuspitzen, um den Bogen nicht zu überspannen, war ich seinerzeit gezwungen, auf die Legende von Tschingis Khan zu verzichten. Die Perestroika hat viele schwere und komplizierte Momente. Doch ihre ursprünglichen Errungenschaften, daß wir die Möglichkeit haben, jetzt alles sagen zu können, was wir denken, sind für uns unbestreitbar. Aus diesem Grunde konnte der Roman erneut und mit erweitertem Inhalt herausgegeben werden. Ungefähr ein Viertel des Romans wird neu sein und natürlich möchte ich, daß meine Leser ihn mit Interesse aufnehmen.

Bei der ersten Lektüre des Romans »Ein Tag länger als ein Leben« vor neun Jahren wirkte sein Held Jedigej Shangeldin wie ein tapferer Hoffnungsträger der sowjetischen Gesellschaft. Das war vor der Perestroika. Wie stünde es heute um Jedigej?

Ich habe den Roman nicht umgeschrieben, sondern ihm nur hinzugefügt, was ursprünglich gefehlt hat. Alles andere ist geblieben, wie es war. Es wäre mir auch nicht richtig vorgekommen, es wäre antihistorisch. Natürlich sind die Menschen heute in meinem Land ganz anders, so haben sich verändert.

Ich bin nicht immer begeistert von den Menschen heute. Es gibt jetzt sehr viele, denen die Freiheit nicht als ein Faktor erscheint, der erst noch vollendet werden und wachsen muß wie eine Persönlichkeit. Solche Leute, die, wie mir scheint, dazu bereit sind, einen mitunter geradezu selbstmörderischen Weg einzuschlagen, halte ich nicht für glaubwürdig. Ich bezeichne das als das Gebell der Demokratie. Wenn Demokratie in ihr Gegenteil verkehrt wird, dann handelt es sich nicht mehr um Demokratie, sondern um eine schreckliche Erscheinung von Massenschizophrenie.

Jedigej Shangeldin jedoch gehört nicht zu denen, die für Massenhysterie anfällig sind. Er ist ein Mensch, der seinen Platz in der Welt kennt.

Man sagt, der sozialistische Realismus sei etwas Konstruiertes und anderes mehr. Ich bin damit einverstanden. Der sozialistische Realismus hat versucht, etwas Eigenes zu errichten, doch die Geschichte hat ihn beiseite geschoben. Man kann den sozialistischen Realismus auf zwei Ebenen kritisch betrachten: Zum ersten als Versuch einer politischen Richtlinie. Doch eine solche Richtungsweisung kann der Kultur nichts Fruchtbares geben. Zum anderen muß man jedoch sehen, zu was der berüchtigte sozialistische Realismus trotz allem befähigen konnte. Er hat uns das Prinzip der Darstellung des arbeitenden Menschen eröffnet. Das Erzählen über den arbeitenden Menschen ist bei uns lange Zeit zur Notwendigkeit in der Belletristik und insbesondere auch im Theater und in der Filmkunst deklariert worden. Natürlich darf in der Kunst daran nicht zu eng herangegangen werden. Doch der arbeitende Mensch ist eines meiner ureigensten Objekte.

Jedigej ist ein arbeitender Mensch, ein echter »Werktätiger«. Auch wenn sich die politischen Umstände verändern und heute politische Elementargewalten tosen, die sich morgen schon gelegt haben können, der Mensch muß trotz alledem arbeiten. Viele denken jetzt bei uns, daß sie nur mit politischen Auftritten das Leben ändern können. Nein. Solange die Ökonomie nicht tatsächlich durch unsere Arbeit auf neue Grundlagen gestellt wird und eine Ökonomie entsteht, die jeden versorgen kann, können keinerlei Massenversammlungen und Parlamentsdebatten irgendetwas verändern.

Ich komme auf Jedigej zurück. Er ist kein Mensch, der in politische Leidenschaften hineingezogen wird. Dennoch steht er an seinem Platze. Ungeachtet aller politischen Veränderungen bleibt er ein Mensch, der durch seine Wahrhaftigkeit und seine durch Arbeit bestimmte Lebensweise die Existenzgrundlage unseres Volkes erhält.

Es entsteht beim Lesen des überarbeiteten Romans der Eindruck, als habe sich Ihr Staatsverständnis geändert.

Das ist eine große, ja philosophische Frage: Was ist der Staat? Natürlich gehe ich nicht so einseitig an sie heran, daß ich behaupten würde, der Staat sei immer und ausschließlich gegen den Menschen. Nein, hier gibt es eine dialektische Verbindung. Wie der Staat nicht ohne den Menschen existieren kann, kann der Mensch nicht ohne den Staat auskommen. Jemand, der glaubt, daß er mit dem Verschwinden des Staates so frei wie ein Vogel würde, denkt nicht realistisch. Ein ebenso schöner Traum und nicht mehr war unsere Vorstellung, daß mit der Errichtung der kommunistischen Gesellschaft der Staat mit seinen Repressionsinstrumenten wie Armee und Justiz der Vergangenheit angehören würde und stattdessen etwas vollständig Harmonisches entstünde, durch das der Mensch frei und glücklich werde. Der Staat ist ein notwendiger Teil des menschlichen Lebens.

Aber der Staat muß ein Rechtsstaat sein. Seit einiger Zeit läuft bei uns in den Staaten der ehemaligen Sowjetunion ein Formierungsprozeß, bei dem ein solcher Staat geschaffen werden soll, der den Interessen der Menschen und des Einzelnen zu dienen hat, und nicht umgekehrt.

Sie haben die Textstelle im Sinn, wo der KGB-Offizier Tansykbajew formuliert, daß der Staat ein gigantischer Ofen sei und sein Feuerholz Menschen. Einen solchen Ofen hat es bei uns gegeben. Hunderttausende Menschen in unseren Konzentrationslagern haben ihn in Gang gehalten. Generation für Generation hat diesen Weg genommen, als der Staat ein alles unterdrückendes Gebilde war. Dennoch war der Staat eine Organisation der Gesellschaft, eine Organisation von Menschen. Er ist nicht naturwüchsig, sondern von Menschenhand geschaffen. Doch erweist sich der von ihr errichtete Staat als eine derart unterdrückerische und schreckliche Gewalt.

Darin liegt eine Dialektik, ein Widerspruch. Deshalb habe ich keine feindliche Beziehung zum Staat im allgemeinen. Für jeden einzelnen Fall, für jede historische Periode muß man seine kritische Herangehensweise haben, und man muß erkennen, worin ihre Bedeutung, ihre Notwendigkeit und ihre Vitalität besteht.

Damals, zu Zeiten Tschingis Khans, handelte es sich erst um einen Versuch mit dem Staat. Ein Staat muß objektiv sein. Aber bei Tschingis Khan war er subjektiv und hing vom Willen eines einzelnen Menschen ab. Was ist das für ein Staat, welche Funktionen kann er erfüllen? In erster Linie wurden militärische Aufgaben durch diesen Staat verwirklicht. So macht sich Tschingis Khan auf, den Globus zu unterwerfen, um seine Weltherrschaft zu errichten. Eine solche Idee ist schon an sich menschenfeindlich. Interessen prallen ganz unvermittelt aufeinander. Der eine will es der Welt beweisen, doch die anderen möchten sich wie Menschen fühlen und so leben, wie es die Natur ihnen gebietet. Deshalb geraten sie in Widerspruch zueinander.

Ich möchte noch einmal sagen, daß ich an das Staatsverständnis in dem Sinne zurückhaltend herangehe, als ich im allgemeinen und prinzipiell den Staat nicht als solchen ablehne. Ich lehne das ab, was die Staatsgewalt im Menschen, in der freien Persönlichkeit unterdrückt. Der Staat hat im Gegenteil für den Schutz der Persönlichkeit einzustehen und ihn vor Gewalt und Ungesetzlichkeit zu bewahren. Stellen Sie sich vor, in Ihrem Deutschland gäbe es keinen Staat, keine Polizei, keine Justiz. Das wäre ein Alptraum! Dann jedoch, wenn sich der

Staat über Recht und Gesetz stellt, gerät er natürlich in einen Widerspruch, und dann prallen die Interessen der Persönlichkeit und des Staates aufeinander. Das ist immer tragisch.

In einem früheren Interview haben Sie einmal den Gedanken geäußert, daß sich totalitäre Regime auf das Phänomen der Massenheuchelei gründen. Kann man so die weitreichenden Auswirkungen des Stalinismus auf die Sowjetunion erklären?

Möglicherweise ist das, was wir heute als so mühsam erleben, der Abschied von dieser Massenheuchelei, die den Hintergrund oder eher sogar das Hauptmoment des Totalitarismus bildete. Heute klingt das lächerlich, und viele können es nicht glauben, doch es war so. Es wirkte ein ungeschriebenes Gesetz, eine Macht existierte über dem Verstand des Menschen. Erinnern Sie sich, alle stimmten stets 99,9-prozentig dafür. Um 6 Uhr morgens standen alle auf und beeilten sich, in die Wahllokale zu kommen, ob man überzeugt war oder nicht. Im Grunde genommen war es Anpassung. Anpassung aber bedeutet Heuchelei. So war es in der Literatur, der Kunst und auf der Bühne. Denken Sie daran, welche Lieder wir gesungen haben, was für Chöre auftraten und was für Stücke vor Beginn der Parteitage aufgeführt wurden. Eines war wie das andere, alles war gelenkt, und alle drückten das gleiche aus - Hingabe, Überzeugung, Wertschätzung und die Bereitschaft, beliebige Opfer bringen zu wollen.

Viele haben vielleicht wirklich geglaubt, aber die Mehrheit der Menschen wußte vom Verstand her, daß dies alles weit von der Wahrheit entfernt war. Jetzt geschieht ein dramatischer Abschied von der Vergangenheit. Für viele ist das eine richtige Tragödie. Sie verstehen nicht, wie sich plötzlich all das, woraus sie früher stolz waren und was sie anbeteten, als untauglich und unnütz erweisen kann. Er wurde offenkundig, daß man sich davon verabschieden muß. Für das Leben ist das ein großes Drama. Mir tun diese Menschen leid. Doch unsere Geschichte nimmt jetzt einen neuen Verlauf und wir müssen uns einfach davon verabschieden. Laßt uns sehen, wie wir weiterleben können.

Das ist die eine Herangehensweise. Eine andere Weise des Umgangs mit der Vergangenheit ist ihre Verhöhnung. Nicht nur ihre Verspottung, sondern das alltägliche Ausspeien von negativen Emotionen, die diese stumpfsinnig gewordene Masse verbittert haben.

Doch der Grund all dessen war die allgemeine Heuchelei, die der Totalitarismus hervorgebracht hat. Alles schien in Ordnung gewesen zu sein, die Leute hatten sich daran gewöhnt. Die Heuchelei war bereits zur Lebensweise geworden. Man braucht nicht lange nach einem aktuellen Beispiel zu suchen: Auch unsere nordkoreanischen Gesinnungsgenossen sind so. Es kann nicht sein, daß samt und sonders jeder Bürger dieses Landes gezwungen worden ist, mit der Anstecknadel des Herrn Kim Il Sung herumzulaufen. Darin besteht unser ostasiatischer Untertanengeist, der keine Grenzen und keine vertretbaren Formen kennt. Er ist eine schreckliche Erscheinung. Auch das, was heute in China mit seinen fast anderthalb Milliarden Menschen geschieht, verbirgt vielleicht diese Gefahren in sich. Soweit ich es begreife, erleben auch die Chinesen eine solche Massenheuchelei, wie wir sie hatten. Aber sicher kommen auch sie früher oder später darauf, daß sie nicht zum Fortschritt des Geistes der menschlichen Persönlichkeit führt.

Haben Sie dieses persönliche Drama, von dem Sie gesprochen haben, auch selbst erlebt? Sie waren nie aktiver Politiker, sondern haben sich mit der Kunst beschäftigt. Haben Sie trotzdem das Gefühl, falsch gehandelt zu haben?

Ich kann so etwas nicht von mir sagen. Ich neige nicht zur Untertänigkeit. Es kann sein, daß ich einmal auf Versammlungen vor, sagen wir, fünfhundert Menschen aufgetreten bin, vor denen ich irgendwelche Allgemeinplätze wiederholt habe. Doch was die Literatur angeht, sehe ich nichts, was ich bereuen müßte. Im Gegenteil, im Rahmen meiner Kräfte und Möglichkeiten habe ich versucht, den Menschen die Augen zu öffnen. Es mag sein, daß ich irgendetwas übersehe, aber ich empfinde kein Gefühl der Reue.

Ihr Werk hat gewisse autobiographische Züge. Wie stark spiegelt es Ihr persönliches Schicksal wider?

Ich habe selber oft darüber nachgedacht, welche Faktoren, Umstände und Ereignisse im Leben eines Menschen einen Schriftsteller aus ihm machen. Ich glaube, hier wirkt viel Autobiographisches mit. Ich vermute, daß wir uns vielleicht anders entwickelt hätten, wenn es nicht das Jahr 1937 und den Krieg gegeben hätte.

In einem Buch, an dem ich gemeinsam mit dem japanischen Schriftsteller Daisaku Ikeda gearbeitet habe, erinnern wir uns gemeinsam an den Krieg und an unsere Kindheit. Ich beschreibe dort zum Beispiel eine Episode, wie uns damals unsere Kuh gestohlen wurde. Unsere Familie bestand aus vier Kindern und einer kranken Mutter. Ich war der Älteste. Als ich hörte, was passiert war, ging ich zu einem bekannten Waffenhändler und lieh mir von ihm ein Gewehr aus. Ich wollte den Dieb finden und erschießen. Ich folgte einem inneren Antrieb und suchte den Dieb in der Umgebung meines Dorfes. Als ich so müde und erschöpft war, daß ich nicht mehr wußte, was ich tun sollte, traf ich einen alten Mann. Er durchschaute mich sofort. »Etwas ist dir zugestoßen, und nun willst du einen Menschen töten«, sagte er. Ich erzählte ihm, was passiert war - daß man uns unsere Kuh, unsere einzige Hoffnung, gestohlen hatte. Schlimmes Leid sei über uns gekommen, pflichtete er mir bei, doch daran, einen Menschen töten zu wollen, dürfe ich nicht einmal denken. »Daß dir heute eine Kuh gestohlen worden ist, wirst du überleben, und morgen wirst du vielleicht nicht nur eine, sondern zehn Kühe haben. Doch du darfst niemals jemanden töten.« Das ist mir wirklich passiert im Februar 1944. Ich hatte den Alten und den ganzen Vorfall völlig vergessen. Solche Ereignisse sind wie ein eigenartiger, lebendiger Volksepos und prägen den Menschen als Künstler. Für diese Erinnerung bin ich Ikeda dankbar.

Der Japaner Daisaku Ikeda ist Philosoph und Schriftsteller. Konnten Sie mit ihm eine gemeinsame Sprache finden?

Ja, die Arbeit war sehr angenehm mit ihm. Wir haben einander gesucht und gefunden. Er hat mir Fragen gestellt, und ich habe versucht, sie zu beantworten. Er ist Buddhist. Wir haben während der ganzen Zeit eine Übereinstimmung finden können, ungeachtet dessen, daß er ein Mensch einer ganz anderen Kultur, Erziehung und Religion ist. Das Buch wird »Das Weinen des Jägers über dem Abgrund heißen«, was aus dem Kirgisischen kommt. Es geht um Ökologie. Man nimmt im allgemeinen an, daß die Ökologie erst in letzter Zeit eine menschliche Sorge darstellt. Das Buch handelt von der Ökologie und dem Leiden von Menschen, die vor tausend Jahren lebten. Damals hatte ein Jäger alles Lebendige um sich herum erschlagen. Da begann er zu weinen, als sein letztes Lied vor dem Tod.

Dieser Dichter ist eine herausragende Persönlichkeit. Ikeda ist Präsident eienr buddhistischen Gesellschaft. Er hat seine eigene Philosophie und seine Anschauungen, aber jedesmal begeistert es mich, wie er in globalem Maßstab denkt und die Welt als Ganzes sieht.

Sie messen den nationalen Wurzeln des Menschen und im besonderen des Künstlers große Bedeutung bei. Doch obwohl Kirgisisch Ihre Muttersprache ist, haben Sie viele Ihrer Bücher auf Russisch geschrieben. Ist es ein Unterschied für Sie, auf Russisch oder auf Kirgisisch zu arbeiten?

Man sollte im Auge behalten, daß unsere sowjetische Kultur, bei allem, was sie in Verruf gebracht hat, auch ihre positiven Seiten barg. Sie hat eine Generation von Menschen hervorgebracht, die zwei bis drei Sprachen beherrschen. Ich werde gefragt, in welcher Sprache es schwieriger für mich sei zu schreiben - auf Russisch oder auf Kirgisisch. Die Sache ist die, daß es in beiden sehr schwer ist. Das Schreiben ist generell nicht leicht. Aber mein Schicksal hat sich so gestaltet, daß ich jetzt mehr Russisch schreibe. Ich habe jedoch die Möglichkeit, mich selbst in Kirgisische zu übersetzen. Damit beruhige ich mich. Schließlich ist das Leben kurz, die Zeit vergeht und die Leser wollen das, was man zu Papier gebracht hat, schnell zu Gesicht bekommen. Man schreibt zuerst in einer Sprache, dann wird es in eine zweite und dritte übersetzt, was alles sehr umständlich ist. Deshalb habe ich mich für die Variante entschieden, Russisch zu schreiben, von daher beispielsweise auf Deutsch oder Französisch übersetzen zu lassen und vom Russischen selbst rückzuübersetzen.

Das bedeutet nicht, daß ich ein Mensch ohne nationale Wurzeln bin. Zwei Kulturen sind miteinander in Synthese, und die eine bringt die andere weiter. Sie haben meine Bücher gelesen und gesehen, daß es nationale Werke sind, obgleich ich auch Erzählungen mit einer ausgesprochen russischen Thematik und ausgesprochen russischen Helden schreiben könnte. Warum denn nicht? Ob ich hier in Luxemburg oder in Moskau lebe - solange meine Lebenssituation produktiv ist und ich das, was ich ausdrücken möchte, auf der notwendigen literarischen Ebene schreiben kann, warum sollte ich nicht über meine Heimat Kirgisien schreiben?

Zu den Eruptionen, die die GUS-Staaten derzeit erschüttern, gehören nationale Konflikte. Als Sie noch Mitglied des Präsidialrates waren, sind Sie in dieser Funktion im Sommer 1990 ins Osch-Gebiet gefahren, um zwischen Kirgisen und Usbeken zu vermitteln. In diesem Zusammenhang haben Sie ein »mittelasiatisches Helsinki« vorgeschlagen.

Zum Glück scheint nach den schrecklichen Ereignissen von Osch zwischen Kirgisen und Usbeken wieder alles in seine Bahnen zurückgekehrt zu sein. Die Menschen haben verstanden, daß man so keine Probleme lösen kann. Durch gegenseitige Vernichtung, Totschlag und Blutvergießen erreicht man gar nichts. So fängt das, wie ich mich ausdrückte, »mittelasiatische Helsinki« an, reale Konturen anzunehmen. Im gegebenen Fall hat es ein Treffen von zwei Regierungsdelegationen aus Usbekistan und Kirgisien in Osch gegeben. Die Präsidenten Usbekistans und Krigisiens sind unter Anteilnahme der gesamten Bevölkerung beider Länder nicht nur über eine einfache Versöhnung, sondern über einen Vertrag zur Entwicklung der Kultur sowie der sozialen, politischen und übrigen Beziehungen der Republiken zueinander übereingekommen. Das scheint mir ein großer Erfolg vor dem Hintergrund dessen, was derzeit in Georgien und Armenien passiert.

Sie haben dazu aufgerufen, von nationalen Forderungen und Anspüchen zurückzutreten. Was hatten Sie damit im Sinn?

Diesen Bereich zu berühren ist sehr schmerzhaft. Ich habe nur versucht zu sagen, daß nationale Ansprüche nicht absolut gesetzt werden dürfen. Man sollte immer in Betracht ziehen, daß nebenan noch ein Nachbar ist, der das gleiche Recht hat, dieselbe Luft zu atmen und unter demselben Himmel zu leben. Und nur in Übereinstimmung mit ihm kann man leben und seine nationale Kultur entwickeln. Aber es wird dem nationalen Egoismus nachgegeben und nur an sich selbst gedacht. Ich bin im Obersten Sowjet aufgetreten und habe versucht, diese meine Position darzulegen. Daraufhin ist wirklich eine usbekische Frau, buchstäblich mit Tränen in den Augen, aufgestanden und hat schluchzend erklärt, welch schreckliche Greueltaten verübt worden seien. Doch sie sprach nur über sich, nur über ihre Seite, nur über ihr Volk und vergaß, daß andere dasselbe erlebt haben. Wir haben angefangen, nur über uns selbst zu reden und den anderen zu vergessen. Wir haben vergessen zu sagen, daß wir auch andere Leiden sehen und Mitleid empfinden können. Laßt uns gemeinsam handeln, damit nicht jeder nur für sich jammert, immer nur die andere Seite beschuldigt und ganz und gar unkritisch mit sich selbst umgeht. Ich habe versucht zu sagen, daß man absolute Ansprüche vergessen sollte. Ich denke, wir sollten uns nicht mit dem nationalen Problem beschäftigen. Vielleicht solllten es die Wissenschaftler aufgreifen und sich intensiv mit ihm beschäftigen, damit unsere Nachkommen daraus Schlußfolgerungen ziehen können.

Einen wichtigen Teil in Ihren Werken haben schon immer Erzählungen über den Aralsee eingenommen. Was bedeuten sie heute für Sie, angesichts der sich dort vollziehenden ökologischen Katastrophe?

Der Aral ist ein riesiges Steppenmeer von gigantischen Ausmaßen. Er ist aus der Schneeschmelze der kirgisischen Berge und des Pamirgebirges entstanden. Dort fällt sehr viel Schnee, obwohl im Tal Trockenheit herrscht. Wenn dieser Schnee schmilzt, speist er zwei große Flüsse, den Amur-Darja und den Syr-Darja. Diese beiden Flüsse bildeten in Jahrtausenden, ja vieleicht in einer Million Jahre, dieses Meer, indem sie sich in der Steppe vereinigten, die dort die geographische Landschaft beherrscht.

Es war ein großes Meer und ich bin mit ihm seit meiner Kindheit vertraut. Als ich sechs Jahre alt war, fuhr ich zum erstenmal mit dem Zug am Aral vorbei. Damals gab es Züge, die ohne festen Fahrplan fuhren. Sie standen zwei bis drei Stunden im Bahnhof, dann ertönte ein lautes Pfeifen und alle mußten schnell einsteigen. So ein Zug hielt in der Nähe des Arals. Das Wasser war ganz dicht bei den Schienen. Mein Bruder und ich stiegen aus, und wir haben gespielt und sind sogar geschwommen. Aus dem stickigen Wagon auszusteigen und zu baden war für uns Kinder wunderbar.

Bis 1937 habe ich in Moskau gelebt. Mein Vater hatte dort am Institut für Marxismus-Leninismus studiert, bis er Opfer der Repressionen wurde. Danach mußte ich fast mein ganzes Leben ohne Vater verbringen, allein mit meiner Mutter und vier Geschwistern. Auch 1937 reisten wir in Richtung Aral. Ich erinnere mich, in welch schrecklicher Verfassung wir alle waren.

Als wir den Aral erreichten, ging die ganze Familie ans Meer. Und wir fühlten, daß wir in unsere Heimat zurückgekehrt waren. Offenbar hat uns das geholfen, die ganze Schwere der Situation zu ertragen.

Ich bin Dutzende Male am Aral vorbeigefahren, auch als Jugendlicher und später als Erwachsener. Als ich 1948 das Veterinärtechnikum beendet hatte, begegnete ich auf meinem Heimweg abermals dem Aral. Ich stieg aus und ging lange am Meer entlang, und das Meer war fast am selben Platz.

Dann nahm ich von 1956 bis 1958 an Literaturkursen in Moskau teil. Jedesmal reiste ich in den Ferien von dort nach hier. Und jedesmal war das Meer weiter fort. Wir maßen dem damals keine Bedeutung bei. Man dachte, in einem Jahr ist mehr Wasser da, im nächsten weniger. Niemand wußte einzuschätzen, daß die Katastrophe bereits begonnen hatte, nicht aufgrund von natürlichen, sondern aus sozialen und politischen Ursachen. Jetzt kann man das Meer vom Zug aus nur noch mit einem Fernglas sehen. Wenn sie mit dem Feldstecher das Ufer erkennen können, ist das schon gut. Ansonsten nur reiner Sand und Wüste.

Das haben wir also in unserem Leben erreicht, mit unserer Gesellschaftsordnung und unserer politischen Lebensweise, daß vor unseren eigenen Augen ein ganzes Meer verschwunden ist. Es gibt viele Gründe dafür. Vor allen Dingen die Baumwolle, die nicht nur lebensnotwendig ist, weil sie für Kleidung gebraucht wird, sondern die auch ein Rohstoff für das Militär ist. Die Herstellung von Pulver und Sprengstoff erfordert große Mengen Baumwolle. Und deshalb waren Usbekistan und die umliegenden Republiken Tadschikistan, Turkmenistan, Kirgisien und Kasachstan, vor allem aber Usbekistan, auf eine größtmögliche Ausdehnung der Anbauflächen von Baumwolle orientiert. Dazu wurde auf die unglaublichste Weise ermuntert. Der Sekretär des Parteikomitees eines Rayons, der den Baumwollplan übererfüllte, wurde Kandidat für das Sekretariat des Gebietskomitees, der Sekretär des Gebietskomitees wiederum Kandidat für das nächsthöhere und so weiter. Deshalb peinigte man die Erde bis zum letzten. Die Menschen arbeiteten dort von morgens bis abends.

Das spiegelte sich nicht nur in der Ökologie wider, sondern auch in der Kultur des Volkes. Baumwolle wird von Anfang September bis November, zum ersten Schnee, geerntet. Die Erntemaschinen sind nicht perfekt, vieles wird manuell gemacht. Usbekistan mußte pro Jahr fünf Millionen Tonnen Baumwolle sammeln. Dafür braucht man Millionen von Menschen, denn sie ist leicht und muß Stück für Stück abgerupft werden. Das heißt, das ganze Volk mußte für die Baumwolle funktionieren.

Wenn wir heute das Aralproblem erörtern, geht es nicht nur um Ökologie. Der Aral - das ist unser Staat. Der Sozialismus und der Aral sind *eine* Frage. Ganz Osteuropa, die Tschechoslowakei, Bulgarien, Ungarn und Polen konnten sich mit unserer billigen Baumwolle versorgen, damit sie in unserer Einflußsphäre blieben. Es war eine Rechnung auf Gegenseitigkeit. Aber das war, wie bei Kuba, dem wir weit überhöhte Zuckerpreise gezahlt haben, um seine Ökonomie zu stützen, unrealistisch. Das Ende ist tragisch: Das Meer ist verschwunden, und die Schiffe liegen in der Wüste auf dem Trockenen.

Die Tragödie des Arals ist ein Epos der Vernichtung und des Todes. Wie ist es dazu gekommen? Durch die immer weitere Ausbreitung der Baumwollplantagen. Alles muß bewässert werden, nichts wächst von selbst, weil es keinen Regen gibt. Deshalb wurden im Flußlauf des Syr-Darja Dämme gebaut, von denen zahlreiche Kanäle abgehen. Diese Kanäle bringen Wasser an die unglaublichsten Orte. Die Erhöhung der Baumwollernte ging auf Kosten der Versandung des Arals und einer gedankenlosen Ausbeutung der Böden, die degenerierten. Als das Meer verschwand, hatten auch die Menschen darunter zu leiden. Nicht nur moralisch, sondern auch physisch. Es gibt viele Kranke. Die Kindersterblichkeit ist sehr hoch und auch die Rate der Krebskrankheiten, weil die Baumwolle mit chemischen Stoffen aus der Luft besprüht worden ist, die sich auf die Umgebung ausgebreitet haben und sowohl in das Wasser als auch in die Nahrung gelangt sind. Es ist eine nationale Katastrophe. Sie darf nicht verdeckt und beiseite geschoben werden. Es ist die gleiche Erfahrung wie bei Tschernobyl, nur daß es keine atomare, sondern eine ökologische Katastrophe ist.

Sie ist nicht weniger erschreckend, und die ganze Weltöffentlichkeit muß davon erfahren. Wir müssen darüber schreiben, reden, unseren Einfluß ausüben. Denn je mehr unseren Lesern und Zeitgenossen erzählt und erklärt wird, desto geringer wird die Gefahr, daß diese Katastrophe auch unseren Enkeln und Urenkeln zuteil wird. Wir müssen sie begrenzen und unbedingt vor ihr warnen. Es ist eine bittere Erfahrung, die die Aufmerksamkeit der ganzen modernen Welt auf sich ziehen muß.

Es gibt Grenzen, die dem Menschen Einhalt gebieten sollten. Aus diesem Grund habe ich den Aral angesprochen. Ich habe die Absicht, wenn ich Zeit habe, ein Buch über den Aral zu schreiben: Gedanken über den Aral, Aral und Kultur, Aral und Gesundheitsvorsorge, Aral und die Geschichte der Region usw. usf.

In »Ein Tag länger als ein Leben« wird eine Expedition in den Kosmos geschildert. Das Raumfahrtunternehmen »Demiurg« wird gemeinsam von amerikanischer und sowjetischer Seite durchgeführt, doch es scheitert, nachdem die beiden Kosmonauten auf der »Parität« Kontakt zu einer außerirdischen, höher entwickelten Zivilisation aufgenommen haben. Welche Perspektiven sehen Sie für die russische Raumfahrt? Welche Möglichkeiten kann sie eröffnen und welche Fehler werden gemacht?

Unsere Raumfahrt ist ein Thema, das jeden angeht. Denn das großartige Überschreiten der Grenzen der Erdanziehungskraft ist mit gigantischen wissenschaftlichen Entdeckungen und Anstrengungen verbunden, die alle ihren Ausgangspunkt in unserer gemeinsam geleisteten Arbeit haben: der Viehzucht ebenso wie der Baumwollproduktion und dem Bergbau.

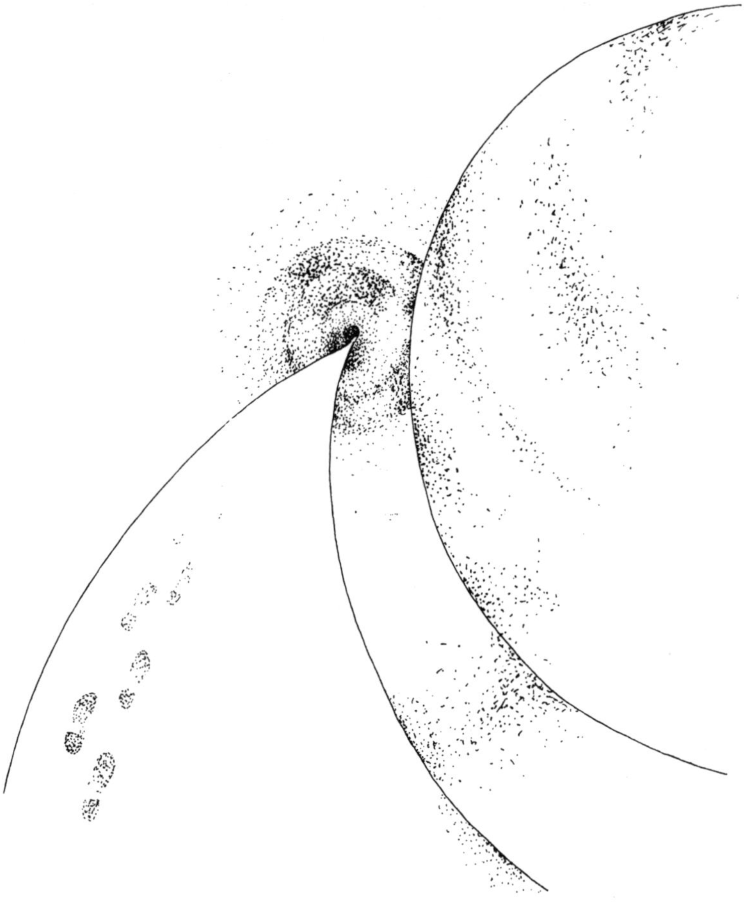

Ich habe meine eigene, subjektive Beziehung zu dieser Frage. Ich sehe, wie schwer das Leben für unsere Mitmenschen heute ist. Wir haben eine riesige Bevölkerung, die einen großen Teil der gesamten Menschheit darstellt. Wie schwer haben es die Menschen im Alltag, an wieviel mangelt es ihnen! Jedem Menschen ist nur ein Leben gegeben. In dieser Zeit muß er bestehen, die Welt sehen und erkennen und seine Spuren auf ihr hinterlassen. Wenn wir das den Menschen nicht ermöglichen können, aber ungeachtet unserer schweren Lebensumstände die riesigen Aufwendungen für die Weltraumforschung fortsetzen, dann schmerzt mich das, ehrlich gesagt, sehr.

Auch wenn ich verstehe, daß die wissenschaftlichen Forschungen notwendig und die Alltagsprobleme eine zeitweilige Erscheinung sind. Doch um welchen Preis wird dem Fortschritt gedient, solange wir nicht in der Lage sind, den Menschen heute zu helfen, wenn wir die Erforschung des Kosmos nur auf Kosten einer unglaublichen Ausbeutung und einer grausamen Ausplünderung betreiben können, durch die die Bauern im Grunde genommen noch wie Leibeigene sind und das Mehrprodukt, das immer der Eckpfeiler der marxistischen Weltanschauung war, in Wirklichkeit voll und ganz vom Staat und den Behörden verschlungen wird?

Man kann mit mir übereinstimmen oder auch nicht. Trotzdem habe ich die deutliche Empfindung, daß ein Moratorium notwendig wäre, damit wir zur Besinnung kommen können. Damit wir wieder einen vernünftigen Zugang dazu bekommen, welche Mittel in welchem Umfang für die Erforschung des Kosmos zur Verfügung gestellt werden sollten. Damit die Menschen dennoch in guten Schulen lernen und in guten Krankenhäusern gepflegt werden können. Die Erforschung des Kosmos und die Entdeckung neuer Welten bringt jeder Gesellschaft und jedem Staat Ruhm ein. Doch man sollte nicht den einfachen Menschen dabei vergessen, der, wie ich schon sagte, nur einmal auf die Welt kommt und sie möglicherweise verlassen wird, ohne es geschafft zu haben, sich je als vollwertiger Mensch zu fühlen. Das Volk, die Mehrheit der Bevölkerung hat einen äußerst geringen Lebensstandard. Diese Menschen haben nicht die reale Möglichkeit so zu arbeiten und soviel zu verdienen, daß ein normales Leben gewährleistet ist.

Wie denken Sie in diesem Zusammenhang über die Rüstungsausgaben?

Rüstungsausgaben werden gewöhnlich ideologisch begründet. Die Ideologie stand früher über allem. Jetzt ernten wir ihre bitteren Früchte. Die Militärs sind unzufrieden, was ich auch verstehe. Ich sehe sie als Menschen, die ihr ganzes Leben dem Militärdienst geweiht haben. Sie sind nicht schuldig. Man hat sie seinerzeit darauf getrimmt. Man hat ihnen das eine oder andere versprochen und einen ganzen Gesellschaftsstand geschaffen - den Militärstand, der meiner Auffassung nach schrittweise und kontinuierlich demontiert werden sollte. Doch mit einem Mal das gesamte Militär abzuziehen und die Losung auszugeben »Organisiert euch, wie ihr wollt«, wie es derzeit bei uns gemacht wird, führt nur zu einer noch schlimmeren Zuspitzung und einem Anwachsen unserer Schwierigkeiten.

Wir sind in einen ideologischen Zwiespalt geraten: Auf der einen Seite steht die Erforschung des Kosmos, bei der wir nicht hinter den anderen zurückstehen, sondern zur Avantgarde des Weltfortschritts gehören wollten. Auf der anderen Seite haben wir eine Militärschicht, eine Militärklasse von vier bis fünf Millionen Menschen geschaffen, die einschließlich ihrer Familien noch drei- bis viermal größer ist. Eine große Anzahl von Menschen, für die die Gesellschaft sorgen, sie ernähren und kleiden muß. Verständlicherweise müßten sie dafür das ihre tun. Doch eben daraus entsteht ein objektiver Widerspruch. Deshalb bin ich darüber, was heute im Kosmos unternommen wird, nicht begeistert. Bei den Sitzungen der Volksdeputierten wurde über diese Frage öffentlich gesprochen. Es gibt Leute, die sagen: »Wir dürfen die Hände nicht in den Schoß legen. Der Weltfortschritt fordert Opfer.«

Das ist leicht gesagt, aber schwer getan, solange es nicht das dafür notwendige Entwicklungsniveau und die entsprechende Arbeitsproduktivität gibt. Es wäre natürlich ideal, wenn wir trotzdem einen gewissen Teil unseres Bruttosozialprodukts und des Bruttogewinns für die Entwicklung der Fundamente der kosmischen Wissenschaft und den Durchbruch in diese Sphären ausgeben könnten. Die zukünftige technologische Zivilisation ist mit dem Kosmos verbunden.

Ein Thema, zu dem Sie in Ihren Büchern ebenfalls immer wieder zurückkehren, ist die Darstellung von Tieren. Ein Pferd, ein Kamel und Wölfe waren schon handelnde Figuren bei Ihnen. Vielleicht hat Sie auch Ihr erster Beruf, der des Veterinärtechnikers, dazu angeregt? Wie kamen Sie darauf, wie in »Der Richtplatz«, buchstäblich »in den Wolfspelz« zu schlüpfen?

Möglicherweise werde ich sogar noch über ein Krokodil schreiben. Aber Spaß beiseite.

Ich habe interessante Dinge erlebt, nachdem ich zum Beispiel über die Wolfsfamilie und die Wölfin Akbara in »Der Richtplatz« geschrieben habe. Einmal traf ich beispielsweise auf der Straße eine ältere Russin. Sie grüßte mich, sah mit ins Gesicht und sagte dann: »Ich bin Akbara.« Ich war verblüfft und fragte mich, wie ich das zu verstehen habe, ob vielleicht ihr Name Akbara sei. Sie ging weiter. Ich sah ihr hinterher und erkannte, daß sie mit damit offenbar sagen wollte, daß ihr Leben schrecklich war, daß sie irgendwelche Qualen und Leiden bedrängten. Sie sagte nicht mehr als nur: »Ich bin Akbara« und ging davon. Ich ziehe daraus die Schlußfolgerung, daß auch Tiergestalten vom Leser entsprechend rezipiert werden.

Mir ist nicht möglich, in rationalen Kategorien zu erklären, warum ich plötzlich sehe, wie sich ein Wolf fühlt, was er durchmacht und was ihn bewegt. Das geschieht beim Prozeß des Schreibens ganz von selbst. Auch vor mir wurde über Wölfe und wilde Tiere geschrieben, von den Animalisten, von

Jack London. Oder von Lew Tolstoi über das Pferd »Cholstomer«.

Zweimal hatte ich bewußt die Absicht, über Tiere zu schreiben. Mit der Geschichte des Pferdes Gülsary verfolgte ich politische Ziele, so sonderbar das scheinen mag. Mit Hilfe des Schicksals dieses Pferdes wollte ich über bestimmte geschichtliche Ereignisse sprechen, die seinen Herrn betrafen. Und in »Der Richtplatz« geht es in der Geschichte der Wölfe um die Ökologie. Die Ökologie ist zu einem allgemeinen Motiv der Menschheit, ihrer Erwägungen, Handlungen, Bewertungen und Beurteilungen, was für uns ökologisch nützlich oder schädlich ist, geworden. Aber bei all dem gehen wir nur von ausgesprochen menschlichen Interessen und Bedürfnissen aus. Die andere Seite berücksichtigen wir nicht, die wilden Tiere und Pflanzen, die ebenfalls in diesem ökologischen Prozeß mitwirken. Sie sind stumm und können ihre Interessen und Nöte nicht aussprechen. Sie sollen sich daran anpassen, was der Mensch ihnen übrigläßt.

Ich habe versucht, den Standpunkt der Wölfe einzunehmen, um zu zeigen, wie sie sich fühlen, wie es ihnen ergeht. Es ist etwas anderes, wenn ein Mensch sagt: »Hier will ich pflügen, säen und es gedeihen lassen.« Das ist seine Herangehensweise. Doch was zur gleichen Zeit mit den Tieren, den lebendigen Organismen und der Umwelt geschieht, ist nur durch die Empfindungen und die Anteilnahme der Tiere selbst darzustellen. Deshalb habe ich versucht, das Tier nicht nur um des Tieres Willen darzustellen.

Gibt es etwas, was der Mensch vom Tier lernen könnte? Beispielsweise im Verhalten und der Hinwendung zur Natur?

Vielleicht, doch darauf kommt es mir nicht an. Der Mensch muß eine allgemeine Mission auf sich nehmen. Ihm ist Vernunft gegeben, etwas, was nirgendwo sonst zu finden ist, nicht in der Tier- oder Pflanzenwelt, nicht bei Mikroben oder Giganten. Nichts zeichnet sich sonst durch die Eigenschaft der

Vernunft, der Voraussicht, des Mitleids und des zweckbestimmten Handelns aus. Tiere haben Instinkt und Pflanzen Anpassungsfähigkeit. Doch sie sind in gewissem Sinne hilflos. So muß der Mensch, da ihm als einzigem das Privileg der Vernunft gegeben wurde, eine allgemeine Mission auf sich nehmen. Er darf nicht nur an sich denken, sondern muß auch die Tier- und Umwelt mit einbeziehen. Wenn der Mensch so denken würde, ginge es nicht nur ihm, sondern allen gut.

Frauen spielen in Ihren Werken eine besondere Rolle. Sie beschreiben sie mit Achtung, Zärtlichkeit und Verehrung. Man könnte fast zu dem Eindruck kommen, daß die Frauen in Ihren Büchern die Guten sind, und die Männer die Bösen.

Vielleicht drückt sich darin die Beziehung zu meiner Mutter aus. Auch meine Großmutter war ein wunderbarer Mensch. Als ich vier oder fünf Jahre alt war, lebte ich in halbes Jahr bei ihr. Sie war eine große Geschichtenerzählerin, und ich habe sie täglich gequält: »Diese Geschichte hast du mir schon erzählt, bitte eine neue.« Meine arme Großmutter fing an, Geschichten zu erfinden, doch sie war schon alt und müde. Es fiel ihr schwer, und sie wollte schlafen. »Weißt du,« sagte sie, »ich schlafe jetzt ein bißchen und erzähle dir, was ich geträumt habe.« Doch ich war ungeduldig und bat schon nach zehn Minuten wieder, zu erzählen. Dann antwortete sie: »Ich gehe zu den Nachbarn und borge mir dort einen Traum.« Wenn sie wiederkam, brachte sie mir eine Fabel mit. Meine Großmutter hat in mir die Wißbegierde und das Interesse an Geschichten geweckt. Das hat sicher meine Beziehung zu Frauen beeinflußt. Ich habe immer das Bild meiner Mutter und meiner Großmutter vor mir.

Wenn sich auch meine künstlerische Palette so gestaltet, daß die Frauen Trägerinnen von positiven Charaktereigenschaften sind, so ist das im wirklichen Leben, wie wir alle wissen, bei weitem nicht so. Es gab Fälle in der Vergangenheit, in denen Frauen, die auf dem Höhepunkt ihrer politischen Macht waren, keineswegs immer gut und human handelten, sondern mit Grausamkeit und Gewalt. Offensichtlich geht es hier nicht um die Frage Frau oder Mann, sondern um die Natur der Macht.

Wie empfinden Sie heute, im Rückblick, Ihre früheren Werke? Sind sie zum Teil überschätzt worden, oder halten Sie sie gar von Ihrem heutigen älteren und weiseren Standpunkt aus für naiv?

Das betrifft in erster Linie die Art, wie sich andere meinen ersten Werken zuwandten. Vor allem denke ich an Louis Aragón, dem ich viel verdanke. Er war der erste, der meiner »Dshamilja« Beachtung schenkte, sie sogar als »schönste Liebesgeschichte der Welt« bezeichnete. Dabei war das eine ganz einfache Geschichte. Ich betrachte sie heute fast ein bißchen von oben herab. Trotzdem ist sie bis heute lebendig. Über dreißig Jahre lang wurde sie immer wieder aufgelegt, besonders in Deutschland und Frankreich. Irgendwie hat sie überlebt.

Es gab einmal einen lustigen Zwischenfall bei einer Lesung. Bei uns pflegt man die Romanhelden im realen Leben anzusiedeln. So kam es, daß mich eine Frau fragte: »Wo ist Dshamilja heute? Was ist aus ihr geworden?« Ich antwortete, daß ich es nicht wisse, vermutlich sei sie mittlerweile Großmutter und habe Enkelkinder. Sie müßte bereits eine ziemlich betagte Frau sein, aber im Bewußtsein der Leser ist sie die junge Dshamilja geblieben. Es ist eine Eigenschaft der Kunst, besonders der Malerei, ein Bildnis in einem bestimmten Moment einzufangen. Mona Lisa entstand auf der Leinwand und wird auf ewig so bleiben, wie sie ist. So ist es auch in der Literatur. Dshamilja ist so geblieben, wie sie war, ebenso verhält es sich mit Natascha Rostowa oder Aksinja von Scholochow. Dshamilja hat dem Leser dreißig Jahre lang gedient. Viele Bücher sind in dieser Zeit gekommen und gegangen, doch diese einfache Erzählung ist immer noch lebendig. Vielleicht bezaubert sie durch ihre Aufrichtigkeit.

Welche Rolle kann heute ein Künstler in Rußland und den anderen Ländern der ehemaligen Sowjetunion spielen? Ist er Richter? Wer urteilt über ihn?

Richter eines Künstlers ist vor allem sein Gewissen, aber auch das Volk, das über den Künstler und sein Schaffen urteilt. Mag er ein neues Bild gemalt, eine neue Musik komponiert, einen neuen Roman geschrieben haben, es stellt sich stets die Frage, inwieweit dies dem Geist der Zeit, dem Geist und Streben seiner Zeitgenossen entspricht. Und dann gibt es natürlich gewisse allgemeinmenschliche Orientierungspunkte, allgemeinmenschliche moralische Werte, die ewig sind und ohne die die Menschheit nicht existieren kann.

Darüber hinaus gehört jeder Künstler einer Nation an. Literatur kann nur in der einen oder der anderen Sprache entstehen, und die Sprache ist das Gut einer Nation und ihrer Kultur. Das heißt, es gibt also noch ein weiteres Moment: seine Nation und die Geschichte können über ihn richten.

Heute eröffnet sich noch ein besonderes Panorama. Es gibt eine Neubewertung und Überprüfung durch die Perestroika. Ich habe schon gesagt, daß wir jetzt bittere Früchte zu ernten haben, doch vieles ist offener geworden.

Nehmen wir Wladimir Majakowskij. Er war der Dichter seiner Epoche, er drückte das aus, was er wollte. Doch gleichzeitig erwies er sich als Gefangener der Ideologie, die er angenommen hatte. Der Klassenkampf war für Majakowskij etwas Absolutes. Er vertrat diese Position und er betrachtete das ganze menschliche Leben von diesem Blickwinkel aus. Hier ist die Geschichte der Richter. Heute gibt es nicht mehr nur eine begeisterte Haltung ihm gegenüber, er ist nicht einfach nur der unschätzbare Klassiker und proletarische Dichter, sondern es gibt auch schon eine nüchternere Beurteilung. Er war eine Entdeckung in der Poesie, aber da, wo er sich als Jünger der totalitären Ideologie gezeigt hatte, hat ihn seine von der Klassenideologie geprägte Herangehensweise als Künstler und Denker eingeschränkt. Darüber spricht man heute und denkt darüber nach.

Auf der anderen Seite kehren wir gleichzeitig zu Iwan Bunin zurück, einem Menschen, dessen Werke verboten waren, der gewaltsam von der russischen Literatur abgetrennt wurde. Es ist unvorstellbar, wie Bunin aus der russischen Literatur gerissen wurde. Er mag auch einige unangenehme Züge gehabt haben, ich weiß es nicht. Ich bin persönlich nie mit ihm in Berührung gekommen, ich urteile aufgrund von fremden Erinnerungen an ihn. Doch das ist für mich nicht wichtig, sondern wie er als Künstler war. In der Art, wie er die menschliche Seele darstellte, ist er mir als Künstler teurer als Majakowskij.

Auch in bezug auf Maxim Gorki gibt es viele solcher neuen Momente. Jetzt betrachten wir die Literatur frei, nachdem wir das Joch abgeworfen haben, das uns gezwungen hat, einheitlich und nur auf eine einzige Art zu denken.

Ein weiteres Beispiel ist Osip Mandelstam. Er war Richter und Gerichteter. Das Regime hat ihn gerichtet, es hat ihn gekreuzigt und vernichtet. Doch er hat auch sein Urteil über das Regime gesprochen, denn er hatte seine Zeit erkannt. Er war wirklich ein gigantischer Poet, den wir lange Zeit nicht kannten und dessen Name nur geflüstert werden durfte. In den Jahren der Perestroika wurde schließlich entdeckt, daß er der eigentliche Dichter des 20. Jahrhunderts war, daß es im 20. Jahrhundert nur Mandelstam hätte geben brauchen. Ich glaube, es gibt kein mit ihm vergleichbares Schicksal.

Es hat viele solcher Fälle gegeben, bei denen Dichter exiliert und vertrieben wurden, auch schon in früheren Zeiten. In unserer Zeit ist es ein Charakteristikum jedes totalitären Regimes, alles zu vertreiben oder zu vernichten, was nicht vollständig mit ihm übereinstimmt, sich nicht unterordnet und nicht nach seinem Munde redet. Darin besteht die Idee eines solches Regimes. Nehmen Sie Saddam Hussein, der soviel Not, Leid und Vernichtung verursacht hat, vor allen Dingen für sein eigenes Volk. Der beste Teil der irakischen Intelligenz, Künstler, Schriftsteller, Philosophen und Denker befinden sich außerhalb der Grenzen ihres Staates, und viele verschwanden in die Verließe dieses Regimes. Die totalitären Regime wurden von der Geschichte eindeutig verurteilt und werden von ihr verurteilt werden, obwohl sie zählebig sind, ihre Anhänger und ihre Ideologien haben, die sie unter den Massen verbreiten. Totalitäre Regime sind für mich widernatürlich.

Diese Widernatürlichkeit führt zu schrecklichen Katastrophen. Mandelstam ist ein Beispiel für den Zusammenprall eines Künstlers, einer poetischen Persönlichkeit, eines Denkers mit der schrecklichen und finsteren Kraft eines totalitären Regimes. Auf dieser Ebene ist er Richter und Gerichteter.

Die Überarbeitung Ihres Romans »Ein Tag länger als ein Leben« ist erst durch Glasnost möglich geworden. Ist für die russische Literatur nun eine problemlose Zeit der Freiheit angebrochen? Befindet sich ihre Literatur in einem kreativen Aufschwung?

Alles hat sich verändert und wird radikal überprüft. Frühere Orientierungen sind in weite Ferne gerückt oder einfach wie Mythen verschwunden. Wie wird es jetzt weitergehen und was werden wir schreiben? Ich habe mir früher in meinem tiefsten Inneren meine Gedanken gemacht, sie jedoch nicht zum Ausdruck bringen können. Jetzt bin ich nicht mehr allein, man hat angefangen, laut darüber zu sprechen, daß wir alle nach Freiheit dürsten. Wir alle lebten mit dem Gefühl und der Erwartung, daß wir, wenn endlich Freiheit herrschen wird, morgen eine ganze Welt mit einem neuen Werk, einer neuen Musik, einem neuen Bild oder Stück erschaffen könnten. Das war unser aller Empfinden. Doch unser Vorgefühl bewahrheitete sich nicht.

Wir haben jetzt unbegrenzte Freiheiten. In der Arbeit sind wir unbegrenzt, schreiben über Teufel, Satan oder Gott, ganz wie es uns gefällt. Aber wo sind Meisterwerke? Warum ist alles ins Rutschen gekommen? Die Räder drehen sich mit überdrehter Geschwindigkeit, und wir alle schreiben, daß das die

Freiheit sein wird... Es ist ein Rätsel und eine schwere, mühsame Erfahrung. Ich denke darüber nach und weiß nicht, ob es mir gelingt, dem allen einen neuen Sinn zu geben und etwas wirklich Neues zu schreiben. Vielleicht wird eine neue Generation antreten. Es ist eine historische Umwälzung. Später wird es eine Perspektive und ein neues Leben geben. Doch es wird aus dem gesellschaftlichen Zustand hervorgehen, den wir zur Zeit durchleben. Der Künstler müßte neue Ideen und einen neuen Sinn des Lebens aus dem, was jetzt geschieht, erschaffen. Inwieweit dies gelingt und fruchtbar werden wird, ist schwer zu sagen. Deshalb tauchen wohl solche Äußerungen auf, daß möglicherweise die Epoche der Verbote doch zu unserem Nutzen gewesen sei.

Alles kocht über. Dabei wird eine ungetüme dichterische Energie ans Tageslicht geschleudert, eine irrationale Energie, die, sich neue Formen des Ausdrucks schafft. Trotzdem vermögen mich weder ihr Inhalt noch ihre Form zu überzeugen.

Was sehen Sie durch die Einführung der Marktwirtschaft auf die Kultur zukommen? Wie denken Sie in diesem Zusammenhang über das derzeit in Rußland diskutierte allgemeine Kulturgesetz?

Es scheint, als habe uns Freiheit erwartet, aber im Gegenteil ist eine dunkle Zeit angebrochen. Literatur und Kunst zum Beispiel kamen vom Regen in die Traufe. Die Marktwirtschaft ist eine Bedrohung für den Künstler, der in einem Ozean von Unterhaltungsliteratur überleben muß. Für meine eigenen Werke sehe ich darin keine große Gefahr, aber unsere schönen Künste stehen insgesamt vor dem Risiko, viele Leser zu verlieren. Uns steht eine neue Erfahrung bevor: die Existenz in Konkurrenz um die Leserwelt. Um das durchzustehen, braucht man als Aktivposten echte geistige Werte.

Was das Kulturgesetz angeht, bin ich nicht sicher, ob ein solches umfassendes staatliches Gesetz in einem Land wie dem unseren mit seiner Vielzahl an Unterschieden, historischen

Traditionen und Entwicklungsniveaus möglich ist. Ein Kulturgesetz sollte in der Seele der Menschen vorhanden sein, während Gesellschaft und Staat verpflichtet sind, die Entwicklung der nationalen Kulturen zu fördern, die die kreative Grundlage jedes Volkes sind. Soll man für alle gleiche Normen und umgekehrt auch Verbote aufstellen? Ich bezweifle das. Normative sind hier nicht angebracht. Die Sorge um die Kultur sollte konkret sein - eine lebendige Sorge der ganzen Gesellschaft von den Parlamenten bis zu den Mäzenen über die materielle Basis der Kultur, über die Schulen und Universitäten, über Theater, Ensembles, über Denkmalschutz, Museen, Kirchen und die Religion: nur alles das zusammengenommen ergibt den geistigen Zustand einer Gesellschaft. Das kann man nicht in ein einzelnes Gesetz packen. Eher wäre eine Deklaration zur Kultur notwendig, die von allen seelisch und intellektuell angenommen werden sollte, obgleich bei uns eigentlich kein Mangel an Deklarationen herrscht. Doch da es schwer sein dürfte, dem Wert von Kultur mit einem Gesetzestext gerecht zu werden, wäre eine solche gemeinsam erarbeitete Deklaration hilfreich und notwendig. Wir müssen begreifen, daß die Gesetzgebung nicht gegen die Interessen der Künstler gerichtet sein darf. Jeder professionelle Zugang zu einem entsprechenden Problem sollte von der Frage begleitet sein: Was bringt das der Kultur?

Viele Jugendliche haben »Der Richtplatz« und »Ein Tag länger als ein Leben« gelesen, sei es in der Schule oder auch privat. Wie ist die Resonanz dieser Generation auf Ihre Bücher, was liest die russische und kirgisische Jugend?

Ich denke, daß ich meinen Leserkreis habe. Mein Leser durchlebt mit mir gemeinsam ein historisches Schicksal. Die Perestroika, in die wir unsere größten Hoffnungen und Träume gesetzt haben, hat sich nicht gerade als einfache Sache erwiesen und dieser Prozeß ist nicht nur kompliziert, sondern auch widersprüchlich.

Die heutige Jugend zwischen 18 und 25 Jahren ist eine eigene Generation, die ihr Selbstbewußtsein bereits in den Jahren der Perestroika mit ihren unbegrenzten Freiheiten, ihren unbeschränkten Äußerungsmöglichkeiten und Geistesrichtungen erworben hat. Das ist natürlich ein großes Gut, aber diese Jugend hat sich eigenartig entwickelt. Es gibt Unterschiede zwischen uns in der Weltanschauung und sogar in den Zugängen zur Literatur. Das, was die Jugend so begeistert liest, ist für mich nicht interessant. Nicht, weil es nicht von mir ist oder weil sie nicht meine Generation sind. Es scheint mir vom Standpunkt des künstlerischen Literaturverständnisses aus wenig interessant.

Bei uns hat sich die Quantität an Zeitungen und Zeitschriften vermehrt. Es gibt die Möglichkeit, das zu publizieren, was einem beliebt. Nach meinen Beobachtungen gibt es einen Wettbewerb um Originalität, ein Vordringen in irgendwelche Sphären des Unterbewußtseins, auch in solche menschlichen Motive, die mit Pornographie verbunden sind. Pornographie ist ein unvermeidlicher Bestandteil der Literatur geworden, für die die Jugend sich begeistert. Ich möchte aus mir keinen Asketen machen, keinen umfassend weisen Mann, das ist keineswegs der Fall. Aber es wird die Zeit kommen, in der auch diese junge Generation verstehen wird, warum es eine klassische Literatur und eine klassische Kunst gibt, große Werke der Vergangenheit, die bis in unsere Tage hineinreichen, wie die Tolstois, Dostojewskis und Tschechows. Ich erinnere mich jetzt oft an Tschechow. In diesem derzeit herrschenden Durcheinander, in diesem Getümmel und dieser fieberhaften Jagd nach Ruhm und neuen Namen sehe ich keine besonders fruchtbaren Erscheinungen.

Die Jugend glaubt, eine neue Welt entdeckt zu haben, daß alles bis dahin um sie herum Existierende nichts wert ist und daß nur sie die Wahrheit erkannt hat. Das ist ein großer Irrtum. Die Wahrheit ist offenbar unbegreifbar, und selbst das Streben zum Verständnis der Wahrheit ist ein Prozeß künstlerischer Bewegung und Dynamik.

Vielleicht ist es aber Ausdruck einer Gesetzmäßigkeit, daß sich die Jugend heute zunächst auf Selbstbefriedigung konzentriert. Um heutzutage ein populärer Schriftsteller zu sein, muß man politisch skandalös sein. Dissident zu sein, reicht nicht mehr. Man muß im direkten Sinne politisch skandalös sein und gegen das auftreten, was versucht, die Gesellschaft in irgendwelchen Grenzen zu halten, damit sie sich nicht vollständig in eine amorphe, aggressive Masse verwandelt. Diese Art Literatur ist auf der Basis von Slang und Straßendialekt aufgebaut. So zu schreiben ist keine Heldentat, auf der Straße kommt man damit auf Schritt und Tritt in Berührung, es ist einfach Realität. Danach müßte alles, was auf der Straße kocht und brodelt, unvermittelt selbst Kunst sein. Ständig werden plumpe, einander feindlich gesinnte Menschen gezeigt, die in einer schrecklichen Welt leben, die diese Welt hassen und nichts dafür tun, daß sie besser wird. Es ist eine Literatur des künstlerischen Zynismus. Sie beansprucht, avantgardistisch und modernistisch zu sein. Man kann über jedes beliebige Thema, über Morde, Greueltaten, Liebe, Haß, Betrug und umgekehrt auch über menschliche Errungenschaften wie Heldenmut lesen. Aber es hat keinerlei Bedeutung. Wenn keine Freude und künstlerischer, ästhetischer Genuß erweckt wird, dann handelt es sich nur um Halbfabrikate.

Derzeit herrscht eine unglaubliche Aufregung des Verstandes und der Gemüter.

Natürlich steht es dem Künstler frei, die Komplexität der Anlage seines Textes immer weiter voranzutreiben, ins Unterbewußtsein einzudringen, die Zeiten zu verändern, die Zukunft, die Gegenwart, die Vergangenheit und alles andere in einem Fluß ohne Unterscheidung fließen zu lassen. Alles wird dem Leser als Knäuel dargereicht, hier und da etwas moderne Politik, Philosophie oder Psychoanalyse enthaltend. All das ist möglich. Aber ich habe trotzdem meinen Standpunkt. Wenn sie einen Menschen darstellen, dann sollte sein Porträt ein Porträt sein, eine Landschaftsmalerei hingegen eine Landschaftsmalerei. Aber alles wird vermischt und zu einem Brei verrührt. Es ist eine riesige Überfrachtung. Ist ein Buch so schwer geschrieben, daß es eine Schranke zwischen Buch und Leser errichtet, bedeutet dies, daß hier gewisse Gesetze der Kunst verletzt werden. So ist auch die westliche Literatur, wenn sie ihre Möglichkeiten nicht nutzt.

Der Totalitarismus und seine Repräsentanten mißbrauchen Macht. Welche Qualitäten müssen Ihrer Meinung nach einen verantwortungsvollen Politiker auszeichnen?

Darüber, wie ein politischer Führer sein soll, ein wirklich zivilisierter politischer Kopf, der vom Volk in allgemeinen Wahlen zu seinem Amt bestimmt wurde, wird bei uns allenthalben gesprochen. Natürlich werden an einen modernen Politiker sehr viele Forderungen gestellt, darunter auch solche, an die frühere Führer nicht einmal denken brauchten. Führer war Führer, er sprach Recht, er konnte bestrafen oder begnadigen, so war die Ordnung der Dinge. Die Menschheit hat sich davon unter Mühen getrennt. Figuren nach Art eines Saddam Hussein bringen sie in Konflikt. Doch die Haupttendenz der historischen Entwicklung der gesamten Menschheit ist die Demokratie, bei allen Abweichungen und allem noch existierenden Machtmißbrauch.

Sicher gibt es keinen Menschen, der sich nicht verändern würde, wenn er sich auch noch so wenig über andere erheben kann und Macht über sie hat. Besonders, wenn der Mensch keine innere Kultur hat, wenn er ein Gernegroß, ein kleiner Funktionär und nicht fähig ist, seine Möglichkeiten und seinen Einfluß richtig einzuschätzen. Die Macht, die einem Menschen gegeben worden ist, währt nur einen Augenblick. Selbst wenn sie jahrzehntelang andauern sollte, ist sie nicht für immer, kehrt der Mensch dennoch stets zu seinesgleichen zurück. Wenn er das nicht selbst begreift, dann wird es schwer für ihn.

Wenn sich ein moderner Politiker nicht dazu in der Lage zeigt, seine Macht durch demokratische Strukturen und rechtsstaatliche Mittel zu realisieren, so wird er unausweichlich früher oder später abgelöst werden. Wenn er diese schwierigen Machtmechanismen nicht handhaben kann, wird er in der Politik eine vorübergehende Erscheinung bleiben, mit der man sich nicht auseinandersetzen muß.

Sie haben sich stets als ein Anhänger Michail Gorbatschows gezeigt. Doch Gorbatschows Stern ist gesunken.

Das ist für den Augenblick richtig. Dennoch habe ich meine eigene Meinung dazu. Ich glaube, daß sich alles in Rußland in einer sehr unsicheren und labilen Lage befindet. Die öffentliche Meinung ist derzeit nicht auf Seiten Gorbatschows. Die Wahrheit wird oft von der großen Masse nicht erkannt. Doch trotz allem denke ich, daß dieser Mensch eine herausragende Rolle gespielt hat und noch spielen wird. Herausragend insofern, als er der erste war, der den Stein vor der Höhle des Totalitarismus, in der wir uns befanden, weggerollt hat. In die Höhle konnten Licht, Luft und Sonne eindringen. Vielleicht sind wir davon trunken geworden. Möglicherweise wird es unter diesen außerordentlich schwierigen und widersprüchlichen Umständen nicht gelingen, daß sich die Gedanken und Ziele Gorbatschows realisieren.

Das gravierendste ist, daß ein totaler wirtschaftlicher Verfall zu beobachten ist. Es ist nun einmal so, daß alles übrige nur eine nebensächliche und rein politische Bedeutung hat. Wir erleben derzeit einen historischen Moment, wie er noch niemals in dem mir bekannten Teil der Geschichte der Menschheit in Erscheinung getreten ist. So etwas hat noch niemand erlebt. Ich spreche dabei nicht über Kriege, ein Krieg ist eine andere Dimension. Wenn wir diese Erfahrung aushalten, wird eine neue Ära für die Völker Rußlands und alle angrenzenden Gebiete beginnen.

Es wird eine Zeit kommen, da die Geschichte Gorbatschow Anerkennung zollen wird. Ich sehe ihn weniger aus der Position seines Apologeten. Es geht mir einfach um den Menschen und seine tragische Gestalt. Er hat alle Bürden der ersten Übergangsperiode auf sich genommen und alle grundlegenden Veränderungen gleichzeitig begonnen, von denen viele naturgemäß erst langsam Früchte tragen werden. Er hatte die Verantwortung für viele notwendige Entscheidungen auf sich genommen, für deren kurzfristige Wirkungen kein Dank zu erwarten war. Auch wenn im Westen oder bei uns Gorbatschow derzeit nicht die ihm gebührende Würdigung findet, hat er doch seine Mission erfüllt, und die Geschichte wird sicher so über ihn sprechen, wie es ihm zukommt. Denn er hat bei weitem mehr geleistet, als alle seine Vorgänger zusammengenommen.

Was, glauben Sie, kann Ihr Land vom Westen lernen? Können sich die Kulturen in Ost und West annähern?

Mit der Zeit werden sie es können. Doch der Weg dahin führt über Erziehung, Wissen und über Prozesse, die lange Zeit beanspruchen. Marktwirtschaft ist nicht nur ein Wort, sondern ein Schicksal.

Die Art unseres praktischen Verstandes, unserer Anpassungsfähigkeit und unseres Unternehmergeistes unterscheidet sich tatsächlich stark vom westlichen Menschentypus. Im Westen hat sich die Geschichte auf die eine Weise, bei uns auf eine andere entwickelt. Natürlich geht es im ganzen Osten eher beschaulich und weniger dynamisch und zielstrebig zu. Das ist eine Eigenschaft der asiatischen Völker und bis zu einem gewissen Grade auch des russischen Volkes, weil es sich in einer Grenzzone zwischen Ost und West befindet. Doch es sind im globalen Maßstab Zeiten angebrochen, die praktischere und aktivere Menschen fordern. In diesem Sinne müssen die neuen Generationen erzogen werden.

Es brodelt auf den Straßen und in unserer Jugend. Manche beschäftigen sich mit Spekulationsgeschäften, andere suchen sich an Kooperativen zu bereichern. Es ist nicht wichtig, wie man an Geld kommt, Hauptsache man kriegt mehr davon. Wenn es sich dann in wertloses Papier verwandelt, wird man erst recht versuchen, auf legalem oder illegalem Weg noch mehr zu verdienen. Wir sind alle Geiseln dieses schrecklichen Chaos. Unsere Menschen und insbesondere unsere Jugend haben scheinbar nicht begriffen, daß ihr Wettbewerb um Profit weder dem Menschen noch der Umwelt Gutes bringen wird, solange sie nicht anfangen, praktisch und aktiv anzupacken, nicht nur im physischen, sondern auch im intellektuellen Sinn mit neuen Programmen, Ansichten und Beziehungen.

Sind Sie Ihren Überzeugungen nach Atheist oder ein gläubiger Mensch?

Kennen Sie Alexander Men, der nach einem Mordanschlag gestorben ist? Ich hatte die Gelegenheit, mich zwei- oder dreimal mit ihm zu unterhalten. Einmal waren wir zu einem Treffen mit Kirchenleuten nach Berlin eingeladen. Das ist zwei Jahre her. Men hat sehr großen Eindruck auf mich gemacht. Wenn man Kultur und Philosophie der Religion auf einem Niveau wie Men begreift, dann ist sie eine universale Erscheinung, die jeden betreffen sollte. Es gibt eine Kategorie von Menschen, für die alle Religionen gleichwertig sind und die, wenn man es so ausdrücken will, ein allen gemeinsames Ziel haben. Ist doch allen Religionen als wichtigster gemeinsamer Nenner gleich, daß in der Hinwendung zu Gott alle Besorgnis und alles Interesse dem Menschen zugewandt werden.

Das betrifft das Christentum ebenso wie den Islam, den Buddhismus, den Hinduismus und andere Religionen. Alle Religionen, in denen ausgedrückt wird, daß der Mensch nach einem Ideal und nach seiner Vervollkommnung streben soll, was die elementarsten Grundregeln einschließt, die da lauten »Du sollst nicht töten! Du sollst nicht stehlen!«, sind für mich annehmbar. Ich bin ein Mensch, der die Synthese sucht, eine Synthese der Herangehensweisen und der Vorstellungen von Religion. Natürlich bekommt auch die Religion, wenn sie absolut gesetzt wird und selbst totalitär wird, negative Züge. Ich weiß aus der Geschichte, wieviel Not und Leid sie gebracht hat. Der religiöse Dogmatismus ist um nichts besser als der staatliche, parteiliche oder ideologische. Deshalb ist meine Haltung zur Religion auswählend und die Synthese suchend. Insoweit sie zu einer universalen Bedeutung fähig ist, ist sie für mich annehmbar. Dort, wo sie anfängt, sich abzugrenzen, indem sie sich zur einzig wahren erklärt und die anderen Religionen verachtet, ist sie inakzeptabel. So müssen Leid, Konflikte und Katastrophen entstehen. Deshalb lassen mich fundamentalistische Tendenzen, wie im Islam, zweifeln und Schlimmes befürchten.

Alle Religionen sollten sich entwickeln können, damit ihre jahrtausendealte Formierung nicht stillsteht. Das Leben und die Psychologie der Menschen verändern sich, alles auf der Welt ist im Fluß. Gerade in unserer Zeit, in der die technologische Zivilisation unvorstellbare Wunder vollbringt, verändert sich vieles. Ich möchte versuchen, die Überlegungen einer Person aus einem meiner jüngsten Werke darzustellen: Dieser Mensch sagt, daß die Zeit nicht nur physikalisch verläuft, sondern daß sie durch uns hindurchfließt. Die Zeit durchfließt den Menschen, und darum ist er für sie verantwortlich. Ich weiß, daß wir uns oft zu rechtfertigen versuchen und sagen: »Was können wir tun, die Zeit ist nun einmal so.« Als ob sie nicht von uns abhinge. Die historische Zeit vollzieht sich durch den Menschen, schafft doch der Mensch seine Epoche. Er selbst ist schuld.

Wie denken Sie in diesem Zusammenhang über den Islam im Vergleich mit dem Christentum? Wie stellt sich das jeweilige Verhältnis des Menschen zu Gott dar?

Es gibt hier unterschiedliche Herangehensweisen. Die Schlüsselfigur im Christentum ist Jesus Christus, Gottes und der Menschen Sohn. Das bedeutet, daß Gott das Antlitz eines Menschen haben kann. Was den Islam betrifft, gibt es hier eine andere Vorstellung. Gott ist hier absolut. Er ist der absolute Schöpfer der Welt. Er schuf das Weltall, er schuf die Sterne, er schuf die Erde, er schuf den Menschen, das Gras, die Tiere.

All das ist seine Schöpfung. Aber wie ist er, wo ist er? Man darf darüber nicht nachdenken, man darf nur niederknien und glauben. Es ist eine andere Denkweise.

Glauben Sie an ein Leben nach dem Tode?

Das Leben nach dem Tode ist eine Frucht des menschlichen Bestrebens, dorthin zu blicken, wo er nicht hingelangen kann, wohin keine Wege führen. Die menschliche Phantasie muß darüber nachdenken, weil die menschliche Seele - unbegrenzt wie der Kosmos - es dem Menschen gestattet, etwas wie ein Leben nach dem Tode zu konstruieren und sich vorzustellen. Man kann daran glauben oder auch nicht. Doch es lohnt sich, darüber nachzudenken. So, wie wir zum Beispiel über Gott nachdenken. Gibt es Gott oder nicht? So beginnen elementare Fragen. Was ist Gott? Ist er konkret oder nicht? Oder ist das All Gott? Wenn man hin und her denkt, kann man letztlich zu dem Schluß kommen, daß der Mensch Gott ähnlich ist. Das Weltall ist unermeßlich, es ist unübersehbar und unbegreiflich. Dennoch hat es seinen konkreten Ausdruck - das menschliche Antlitz. Das Weltall hat den Menschen geschaffen, der darüber nachdenken kann, auch über das Leben nach dem Tode. Er selbst erweist sich als allmächtiger Stellvertreter Gottes, ihm sind alle Chancen gegeben, gottähnlich, gottgleich oder ein Sünder zu sein. Alles ist dem Menschen gegeben. Wenn man es so sieht, dann kann man auch über ein Leben noch dem Tode nachdenken.

Von den Quellen der Inspiration und der Einheit des Lebens

Begegnung mit einem Bahá'í

Gespräch zwischen Tschingis Aitmatow
und Feizollah Namdar[1]

Es freut mich sehr, daß wir miteinander direkt auf Russisch reden können. Ich möchte als erstes gern erfahren, wie es kommt, daß Sie, ein Mensch in schon reifen Jahren, unter vielen großen Lehren - es gibt die christliche, es gibt die islamische Lehre, es gibt den Buddhismus und so weiter - für sich gerade diesen Pfad, den Bahá'í-Glauben, gewählt haben. Kann sein, daß dies ein wahrer Pfad ist, der zum Höchsten führt. Kann aber auch sein, daß es ein Irrweg ist. Das weiß niemand...

---

1 Da bei diesem Gespräch Tschingis Aitmatow mehr die Rolle des Fragenden einnahm, ist hier sein Text in kursiv gesetzt und die Antworten von Feizollah Namdar in normal.

Auf Ihre Frage, wie ich dazu kam, für mich gerade diesen Pfad zu wählen, wäre die einfachste Antwort: »Weil meine Eltern Bahá'í waren.« In dieser Art würden wohl die meisten Menschen ihre Religionszugehörigkeit erklären. Das würde aber Ihre eigentliche Frage kaum beantworten; und ganz so einfach war es auch keineswegs bei mir. Ich möchte trotzdem vorwegnehmen, daß das Vorbild meiner Eltern meine Grundeinstellung zur Religion von Anfang an entscheidend prägte und mir in späteren Jahren, als ich begonnen hatte, mich bewußter mit meinem Glauben auseinanderzusetzen, eine unglaublich starke Stütze war. Dieses kostbare Geschenk werde ich in tiefer Dankbarkeit immer im Herzen bewahren.

Unsere Eltern haben auf meinen Bruder und mich nie Zwang ausgeübt, damit wir Bahá'í würden. Sie lebten uns Ehrfurcht und Liebe nicht nur gegenüber der Bahá'í-Religion vor, sondern in gleichem Maße auch gegenüber allen anderen Religionen. Heute weiß ich, daß sie sich damit treu an die ausdrücklichen Lehren des Bahá'í-Glaubens über Kindererziehung, selbständiges Forschen nach Wahrheit und Überwindung aller Vorurteile gehalten haben. Wir Kinder kamen deswegen überhaupt nicht auf die Idee, gegen andere Religionen Vorurteile zu entwickeln. Und so fühlten wir uns frei, unseren Weg zu suchen. Nun aber zu Ihrer Frage.

Mein Weg zu einer bewußten, nicht »nur« aus der Tiefe meiner Seele kommenden Identifikation mit dem Bahá'í-Glauben war ein jahrelanger, zum Teil sehr schmerzhafter Entwicklungsprozeß. Da ich meine Kindheit und meine Schulzeit, und damit meine prägenden Jugendjahre, in Moskau verbrachte, kam ich, außer mit den religiösen Eindrücken des Elternhauses, auch mit anderen, materialistischen Einflüssen in Berührung. Es waren aber vielleicht gerade die Kontraste, durch welche mir die Wesenszüge des Bahá'í-Glaubens immer deutlicher und überzeugender ins Bewußtsein traten.

Schrittweise erkannte ich, daß die Lehren Bahá'u'lláhs nicht nur dem Suchen und Sehnen meiner eigenen Seele entsprachen und mich mit Kraft, Vertrauen und Liebe erfüllten, sondern daß sie darüber hinaus überzeugende Antworten und Lösungen für die gewaltigen gesellschaftlichen Fragen und die in den letzten Jahrzehnten immer übermächtiger werdenden Weltprobleme boten. War es nicht das, was ich ersehnt hatte? Ein Glaube, der sowohl durch seine mystische Tiefe und Schönheit das Herz anrührt und begeistert als auch den wachen, immer fragenden und suchenden Verstand überzeugt?

Auch nachdem mein »Bahá'í-Fundament« sich gefestigt hatte, ging der Prozeß des Lernens und Erkennens weiter, und mir wurde klar, daß ich diesen Ozean nie würde ausschöpfen können. Wenn ich Fragen - geistige, naturwissenschaftliche, ethische, soziale oder persönliche -, die in gewissen Perioden meines Lebens für mich in den Vordergrund traten, im Licht der Bahá'í-Lehren betrachtete, offenbarten sich mir ungeahnte, weitreichende Perspektiven und Erkenntnisse, so daß ich immer aufs neue von Staunen überwältigt wurde. Oft handelte es sich ja um scheinbar völlig neue, moderne Probleme, von denen man noch vor wenigen Jahrzehnten nichts geahnt hatte. Bahá'u'lláh, der Stifter der Bahá'í-Religion, hat sie aber bereits vor über hundert Jahren umfassend dargelegt und sowohl ihre Ursachen als auch die Lösungen aufgezeigt.

Auch das Erlebnis, zu einer sich lebendig entwickelnden Weltgemeinschaft zu gehören, deren Mitglieder allen Völkern, Rassen und Glaubensbekenntnissen dieser Erde entstammen und bei all ihrer bunten Vielfalt durch den einigenden Geist der Lehren Bahá'u'lláhs verbunden sind, begeistert mich und macht mich glücklich.

Rückblickend kann ich vielleicht meine Bahá'í-Entwicklung in einem Satz zusammenfassen: Ich bin heute Bahá'í, weil ich überzeugt bin, daß Bahá'u'lláh der Erlöser jeder menschlichen Seele wie auch der seit Jahrtausenden verheißene und ersehnte Erlöser und Vereiniger der ganzen Menschheit ist.

Übrigens, ich habe Ihnen einige Bahá'í-Bücher mitgebracht, darunter die Friedensbotschaft des Universalen Hauses der Gerechtigkeit - auf Russisch natürlich. Das Haus der Gerechtigkeit, die höchste Institution der weltweiten Bahá'í-Gemeinschaft, hat dieses Statement als einen Beitrag zum von der UNO proklamierten Jahr des Friedens (1986) herausgegeben.

Das sind alles sehr reine Gedanken. Und doch... Sie erwähnten das Universale Haus der Gerechtigkeit. Es ist sehr schwierig, eine echte Gerechtigkeit zu finden, weil das, was Ihnen und mir gerecht vorkommt, einem anderen Menschen ungerecht erscheinen könnte. Vielleicht ist Gerechtigkeit ein subjektiver Begriff, der nur bis zu einem gewissen Grad stimmt. Deswegen, wenn die eine oder andere Religion Anspruch auf die Absolutheit der Gerechtigkeit erhebt...

Nehmen wir ein Beispiel: Die kommunistische Ideologie hat auch auf die Absolutheit der Gerechtigkeit Anspruch erhoben - der Klassengerechtigkeit. Man kämpft um einer bestimmten Klasse willen, setzt alles aufs Spiel, um sein Ziel zu erreichen. Und jetzt, zum Beispiel, wächst der islamische Fundamentalismus beträchtlich. Und eines seiner Postulate besteht darin, daß nur die Fundamentalisten auf dem rechten Weg sind und daß nur sie die echte Gerechtigkeit finden können - eine Gerechtigkeit, die von Gott herabgesandt worden ist.

Das ist sehr anziehend. In den Menschen ist immer eine Sehnsucht nach etwas, was sie im normalen Leben nicht finden. Im normalen Leben, auf Schritt und Tritt, stößt der Mensch auf etwas, was ihm ungerecht erscheint. Sogar in Kleinigkeiten. Von großen Problemen ganz zu schweigen.

Deswegen, wenn die Bahá'í-Sache ein Universales Haus der Gerechtigkeit gründet, nimmt sie das Problem der Gerechtigkeit im Weltmaßstab auf sich. Und findet einen Platz - ein Haus. Wenn man sich dorthin wendet, direkt oder indirekt (in Gedanken), so kann man anscheinend Gerechtigkeit finden.

Einerseits ist das sehr verlockend, klingt das wunderbar: »Universales Haus der Gerechtigkeit«. Aber ich bin schon ein betagter Mann. Ich habe gesehen, wie die Perestroika begann und wie sie endete. Ich war selbst mitten in dieser Sache. Ich dachte, daß es möglich ist, umzubauen, zusammen die Demo-

kratie zu errichten, echte Gerechtigkeit zu finden. Es hat sich gezeigt, daß das keineswegs so ist.

Deswegen scheint es mir, daß das, was Sie das Universale Haus der Gerechtigkeit nennen, eigentlich ein Ideal ist, eine Idee. Eine Idee, die man anstreben soll, die aber unerreichbar ist. Und das Drama, die Tragik des Menschen besteht wahrscheinlich überhaupt darin, daß er ewig nach Gerechtigkeit dürstet und sie ewig nicht erreichen kann.

Der Mensch kann um Gerechtigkeit kämpfen, um nationale Gerechtigkeit, um soziale oder um geschichtliche Gerechtigkeit und schließlich um persönliche Gerechtigkeit. Schauen Sie, wie viele Arten von Gerechtigkeit es gibt! Und der Mensch wird die ganze Zeit kämpfen und, nachdem er nichts erreicht haben wird, wird er sein Vermächtnis seinen Nachkommen hinterlassen. Und sie werden auch auf diesem Wege weitergehen und auch ihr Vermächtnis ihren Nachkommen hinterlassen. Auf diese Weise, scheint mir, entsteht ein ewiges Streben des menschlichen Geistes nach einer gewissen höchsten Gerechtigkeit.

Es ist aufregend, wie Sie bereits in dieser ersten Äußerung so viele ganz grundlegende Fragen angesprochen haben. Sie alle berühren mich sehr tief, und ich verstehe gut, um was es Ihnen geht.

Ja, da ist die ewige Sehnsucht des Menschen nach Gerechtigkeit, und ich glaube, gerade diese Sehnsucht zeigt uns, wie lebensnotwendig Gerechtigkeit offenbar für alle Menschen ist - wer immer sie sind und wo immer sie leben. Es scheint geradezu, als habe Gott die Menschen mit dieser Sehnsucht erschaffen, damit sie sich unablässig um die Gerechtigkeit bemühen.

Dieser Zusammenhang könnte sogar als allgemeines Schöpfungsprinzip bezeichnet werden, aus welchem sich Schlüsse auf die Schöpfungsabsicht, auf den Sinn des menschlichen Lebens ziehen lassen. Ähnliche Urbestrebungen des Menschen sind die nach Erkenntnis, primär nach Gotterkenntnis, nach Liebe, nach Gemeinschaft, Glück und Sinnerfüllung.

Da all dieses Streben dem Menschen von seinem Schöpfer mitgegeben wurde, muß darin eine Art Auftrag, ja eine Verheißung liegen. Denn alles in der Schöpfung ist äußerst sinnvoll und zweckmäßig eingerichtet. Auf der menschlichen Ebene ist es für uns noch offensichtlicher als auf der geistigen, daß für alle Bedürfnisse der Geschöpfe die entsprechende Möglichkeit der Erfüllung durch den Schöpfer sichergestellt ist.

Zurück zur Gerechtigkeit. Zwar treibt die Sehnsucht nach Gerechtigkeit die Menschen an, immerfort nach ihr zu streben. Dennoch befindet sich die Welt in dem entsetzlichen Zustand, den wir heute erleben. Die auf allen Lebensgebieten überhandnehmende Ungerechtigkeit macht ein menschenwürdiges Zusammenleben unmöglich. Woher kommt das, da doch Gerechtigkeit der Wunsch jedes Menschen ist?

Wie Sie richtig bemerkten, hängt es sicher mit der subjektiven, das heißt ichhaften Gerechtigkeitsvorstellung des Menschen zusammen. Und so gibt es auf der Erde zahllose »Versionen« von Gerechtigkeit. Jede Nation, jede soziale Schicht, jede religiöse und andere Gruppierung, wie auch jeder einzelne Mensch, will Gerechtigkeit vor allem für sich, und es stört ihn wenig, wenn dies auf Kosten der Rechte anderer erreicht wird. Und so kämpfen sie alle gegeneinander.

Auch die Tendenz diverser Gruppen, die eigene Überzeugung von Gerechtigkeit als absolut hinzustellen, ist in diesem Zusammenhang zu sehen; denn so läßt sich ja die Mißachtung der Rechte anderer Gruppen »rechtfertigen«. Dies ist ein Mißbrauch des Gerechtigkeitsbegriffs mit dem Ziel, die eigene Vormachtstellung zu sichern.

Mit solchen Methoden und Zielen kann eine wahre weltweite Gerechtigkeit niemals erreicht werden. In diesem Punkt sind wir ganz einig. Ich möchte nun dieser »menschlichen Gerechtigkeit« eine ganz andere - nennen wir sie »göttliche Gerechtigkeit« - gegenüberstellen.

Sich selbst überlassen, denkt der Mensch naturgemäß vor allem an sich. Gott aber, der Schöpfer und Vater *aller* Menschen, ist die Quelle allumfassender, objektiver Gerechtigkeit, die niemanden bevorzugt oder benachteiligt.

Sein geoffenbartes Wort enthält den Maßstab der Gerechtigkeit, der für alle gilt, für alle verbindlich ist und allen gerecht wird. Nach diesem höchsten Maßstab muß menschliches Gerechtigkeitsstreben sich ausrichten. Darin liegt die Befreiung aus den hoffnungslosen Widersprüchen zwischen den verschiedenen menschlichen »Gerechtigkeiten«.

Allerdings sind wir uns auch darin einig, daß es auf dieser »sündigen Erde« keine absolute, vollkommene Gerechtigkeit geben kann. Das Absolute ist allein ein Attribut Gottes. Die Verwirklichung vollkommener Gerechtigkeit kann nicht das Ziel des irdischen Lebens sein, da sich die Menschheit, global und individuell, in ständiger Entwicklung befindet. Wachstum, Entfaltung, Fortschritt und Reifung sind aber dynamische Vorgänge. Darum kann auf der Erde nichts Absolutes existieren, denn das würde Stillstand bedeuten. Entwicklung ist ein Gesetz der Schöpfung. Und aus derselben schöpferischen Quelle alles Seins strömen uns die göttlichen Lehren zu, welche den Menschen Ausrichtung, Normen und eine gemeinsame Basis geben, auf welcher sie sich miteinander um eine immer größere Annäherung an die wahre, eben die göttliche Gerechtigkeit bemühen können. Die Verwirklichung einer solchen, nicht absoluten, sondern relativen Gerechtigkeit ist auf dieser Erde möglich. Und sie genügt vollauf, um ein menschenwürdiges und friedliches Zusammenleben aller Menschen auf dieser Erde zu gewährleisten.

Dabei ist allerdings ein »Haken«. Um diesen schönen Zustand zu erreichen, gibt es eine unabdingbare Voraussetzung, und das ist die Zuwendung des Menschen zu seinem Schöpfer, das Zugeständnis, daß er, der Mensch, ohne göttliche Führung auf dieser Erde verloren ist, und daß ohne sie seine Sehnsucht nach Gerechtigkeit nie gestillt werden kann.

Es gab ja im Lauf der Geschichte, besonders in unserer säkularen Zeit, immer wieder menschliche Ideologien und Bestrebungen zur Schaffung einer gerechteren Gesellschaft. Ihr

Scheitern war vorgegeben durch das Fehlen einer höheren Verbindlichkeit, einer allgemein gültigen, menschlichem Zugriff und Mißbrauch entzogenen Norm, an der sie sich hätten ausrichten können. Ein weiterer Grund für ihr Scheitern lag darin, daß sie fast immer eine andere Menschengruppe als Feind ansahen und bekämpften und damit neue Ungerechtigkeit hervorriefen.

Wie Sie richtig sagten, ist auch bei religiösen Gruppierungen ein Mißbrauch der eigenen Ideale durchaus möglich, ja leider eine oft bewiesene Tatsache. Dies geschah vor allem dann, wenn der offiziellen Geistlichkeit weltliche Macht und ihre Privilegien wichtiger waren als die geistigen Lehren ihres Glaubens, den sie für ihre Zwecke mißbrauchte. Dabei schreckte sie nicht davor zurück, ihre Heiligen Schriften so auszulegen, wie es ihren Absichten und Zwecken entsprach. Dies war umso eher möglich, als die Heiligen Schriften der alten Religionen - der Islám bedingt ausgenommen - auf Überlieferungen und nicht auf authentischen Dokumenten beruhten. Dennoch enthielten sie, und das müssen wir klar erkennen, eine geheimnisvolle göttliche Kraft, welche Jahrtausende lang zahllose Menschenseelen in allen Kulturkreisen mit einem Erlebnis des Göttlichen, mit Hoffnung und Trost erfüllt hat. Die vereinigende, gemeinschaftsbildende Kraft der göttlichen Lehren wurde jedoch durch eine Vielzahl verschiedenster Auslegungen der Heiligen Schriften geschwächt. Denn diese verschiedenen Meinungen und Auslegungen führten zu Spaltungen, Uneinigkeit, ja oft sogar zu völliger Entstellung und Pervertierung der göttlichen Botschaft. So konnte es geschehen, daß im Namen mancher Religionen unvorstellbare Greueltaten verübt wurden und der Name »Religion« zur Durchsetzung eigener Macht- und Absolutheitsansprüche mißbraucht wurde. Dies alles führte dazu, daß die Religionen ihre ursprüngliche Wirksamkeit verloren und immer mehr Menschen sich in ihrer Enttäuschung vom Glauben und damit, tragischerweise, von Gott abwandten.

Die heutige weltweite Umbruchsituation ist eine nie dagewesene Herausforderung an die ganze Menschheit. Die Fruchtlosigkeit menschlicher Vorstellungen von Gerechtigkeit ist vollkommen offenbar geworden. Vielleicht scheint die heutige Menschheit ferner von Gott zu sein als je zuvor, aber sie ist gewiß auch näher daran, ihre eigene Machtlosigkeit zu erfahren, als dies je der Fall war, und daher vielleicht auch eher bereit, sich der einzigen Quelle der Hoffnung auf Gerechtigkeit zuzuwenden. Gerade im Zusammenbruch liegt die Chance des Neubeginns.

Dem überall laut werdenden Ruf nach einer »globalen Ethik«, ja nach einer »neuen Weltordnung«, entspricht, auf erstaunliche Weise Bahá'u'lláhs Botschaft vom Anbruch eines neuen Zeitalters, vom Kommen göttlicher Gerechtigkeit. Die ganze Menschheit, sagt er, stehe an der Schwelle des seit Jahrtausenden ersehnten und von allen Gottesboten verheißenen Zeitalters der Einheit, des Friedens, der Gerechtigkeit. Das ist ein ungeheurer Anspruch.

Aber er beschenkt die Menschheit auch mit einem umfassenden Konzept zur Neugestaltung dieses Zeitalters, das klare geistige Normen für eine globale Ethik enthält. Zu diesem alle geistigen und gesellschaftlichen Bereiche durchdringenden Konzept gehört auch eine weltumfassende Ordnungsstruktur - die erste, die die Menschheit jemals aus der Feder eines Offenbarers erhalten hat. Diese Ordnungssstruktur wurde ausdrücklich nicht den Menschen einer bestimmten Glaubensrichtung oder eines Kulturkreises geschenkt, sondern der *ganzen* Menschheit.

In dieser Weltordnung, die auf den Prinzipien der göttlichen Gerechtigkeit beruht, ist das Wohl aller Glieder der Menschheitsfamilie in Einklang gebracht. Innerhalb der weltweiten Bahá'í-Gemeinde ist sie modellhaft bereits verwirklicht, und ihre oberste Instanz ist das Universale Haus der Gerechtigkeit.

Die Friedensbotschaft dieser Institution, deren Erwähnung der Anlaß zu Ihren Fragen über Gerechtigkeit war, ist ein Beispiel für die universale Perspektive dieses höchsten Bahá'í-Gremiums in seiner Stellungnahme zu den Fragen, die die Menschheit heute bewegen.

An sich ist dieser Aufruf wunderbar - wie es aber im wirklichen Leben aussehen wird, ist schwer zu sagen.

Für sich allein betrachtet, mag Bahá'u'lláhs Verkündigung utopisch klingen. Utopisch im Sinne eines Wunschtraums. Verständlich wird sie erst im religionshistorischen Zusammenhang.

Alle Religionen haben ein zukünftiges Goldenes Zeitalter der Einheit und Gerechtigkeit *verheißen* - seit Jahrtausenden. Bahá'u'lláh war aber der erste Gottesoffenbarer, der, vor über hundert Jahren, die *Erfüllung* verkündete.

Heute, wo es immer deutlicher wird, daß die ganze Erde eine Schicksalsgemeinschaft ist, ist die Verwirklichung einer Weltgesellschaft vorstellbar. Nicht nur das: Sie ist durch die technischen Möglichkeiten machbar und durch den immer kritischer werdenden Zustand der Welt sogar unumgänglich geworden.

Aber nicht menschliche Träume und Utopien werden das Reich der Einheit, des Friedens und der Gerechtigkeit auf Erden verwirklichen.

Wir haben zwischen menschlicher und göttlicher Gerechtigkeit unterschieden. Wollen wir nicht auch zwischen menschlicher Utopie und prophetischer Vision unterscheiden? Die letztere ist kein Wunschtraum, sondern das Voraus*schauen* auf die künftige Wirklichkeit.

Wir haben soeben eine solche menschliche Utopie durchlebt. Diese Utopie war eine marxistische, kommunistische Utopie, von der man uns zu überzeugen versuchte, unter anderen die Intellektuellen und die Intelligenzija. Man mußte uns durch Bücher, durch Auftritte davon überzeugen, daß es nur einen einzigen Weg der menschlichen Entwicklung gibt - den kommunistischen Weg. Und alles das, was durch die Klassiker dieser Lehre erreicht wurde, das sei der sicherste Weg, die höchste Wahrheit, die wirklichste Wirklichkeit. Und deswegen haben sie für später nicht einmal etwas vorgesehen - was weiter sein wird.

Nehmen wir an, es wäre so passiert, daß dies mit der geschichtlichen Wahrheit, mit dem Gang der Entwicklung zusammengetroffen wäre, und die kommunistische Gesellschaft wäre entstanden, und der Kommunismus wäre Wirklichkeit geworden. Und was weiter? Wohin soll es danach weitergehen? Was soll man dann tun?

Die Lehre Bahá'u'lláhs entspringt bereits den Errungenschaften einer späteren Periode, den Errungenschaften der Wissenschaft, der Religion, der Kultur, und formuliert sich entsprechend. Sie ist, so scheint es mir, eine demokratische Lehre, fern von Brutalität und Rohheit.

Ja. *Menschliche Utopien* sind, wenn auch meist unbewußt, zweifellos vom Geist des Zeitalters beeinflußt, und ihre Ziele sind daher oft richtig. Nicht umsonst sind in den letzten 150 Jahren so viele neue, auf Umgestaltung der menschlichen Gesellschaft gerichtete Ideen und Strömungen entstanden: für die Gleichberechtigung der sozialen Schichten und von Mann und Frau, für die Befreiung unterdrückter Völker und Minderheiten bis hin zur Entwicklung neuer Formen internationaler Zusammenarbeit. Menschliche Konzepte sind aber oft, wenn auch nicht immer, kurzsichtig, einseitig oder egozentrisch. Und menschliche Utopien werden immer wieder von Ideologien vereinnahmt, die sie in der Regel für ihre Zwecke »umgestalten«. Wenn das der Fall ist, bewirken sie statt Fortschritt und Wohlergehen eher Spaltung und Unterdrückung.

Prophetische Vision entstammt nicht dem menschlichen Bereich. Sie geht von einer höheren, göttlichen Ebene aus. Sie ist unabhängig von äußeren Geschehnissen und menschlichen Erkenntnismöglichkeiten. Sie ist zukunftweisend und zukunftsgestaltend. Sie setzt schöpferische Impulse frei, welche die ganze Menschheit durchdringen und das Denken der edelsten und weitsichtigsten Menschen befruchten.

Die prophetische Vision - man kann sie auch Offenbarung nennen - beleuchtet, wie ein Lichtstrahl, den göttlichen Plan für die Menschheit.

Alle Offenbarungen der Vergangenheit kündeten den gleichen Heilsplan Gottes für die Menschheit. Die Namen ihrer Träger sind verschieden, aber sie alle entstammen der gleichen Quelle und bilden daher eine Einheit - denn es gibt nur einen Gott, eine Menschheit, einen göttlichen Plan und ein Ziel.

Und damit sich dieser göttliche Heilsplan fortschreitend verwirklicht und die Menschheit von einer Entwicklungsstufe zur nächsten voranschreiten kann, besteht jede Religion aus zwei Teilen: Neben dem unveränderlichen Teil, der die ewigen Wahrheiten enthält, gibt es eine zweite Komponente. Sie enthält soziale und praktische Lehren und Gesetze, welche von Zeitalter zu Zeitalter geändert werden und so den jeweiligen Bedürfnissen der Menschheit und ihrem Fassungsvermögen entsprechen.

Ich bin mit Ihnen einverstanden und möchte selbst diese Wahrheit begreifen. Aber bei mir taucht eine solche Frage auf: Wenn all diese Propheten als Sendboten des Willens Gottes aus der gleichen Quelle erschienen sind und jeder seine Anhänger, seine Jünger hat, warum hassen denn Menschen verschiedener Religionen einander und wollen die einzigen sein?

Die Christen möchten gern, daß der ganze Planet christlich werde. Gib dem Islam die Möglichkeit, und auch er wird wollen, daß alle Menschen Moslems werden und wir alle zusammen uns auf den rechten Weg begeben. Das ist eine fundamentale Frage.

Schließlich erscheint der Baháismus, die jüngste unter all diesen Religionen. Kann er das Wesen all dieser Widersprüche erklären? Kann er die Lösung dieser Widersprüche finden?

Ja. Aber vielleicht zuerst eine andere Frage: Warum entsteht überhaupt Streit? Doch weil die Menschen noch nicht gelernt haben, mit dem Phänomen der Verschiedenheit umzugehen - ob es um die Hautfarbe, die Lebensweise, um Meinungen oder Religion geht. Sie betrachten sich selbst als »das Maß aller Dinge« - und lehnen daher alles andersartige ab. Oder halten es zumindest für weniger wertvoll als die eigene Art, die eigene Nationalität, Meinung oder eben Religion.

Konsequenterweise sind daher viele Menschen davon überzeugt, daß nur eine einzige Religion, nämlich die, der sie selbst angehören (interessanterweise meist ohne eigenes Zutun, mehr oder weniger zufällig, einfach weil sie in einem bestimmten Kulturkreis geboren wurden) -, daß also diese eine Religion die einzig wahre sei. Woraus logischerweise folgt, daß die anderen Religionen Irrwege sein müssen. Ihre Propheten »falsche Propheten«, ihre Anhänger »Ungläubige«, deren Bekämpfung ein gottgefälliges Werk sei.

Solche Einstellungen werden leider vor allem von der Priesterschaft der meisten Religionen, von Priestern, die als geistige Führer eine große Verantwortung vor Gott und der Menschheit haben, geschürt und dogmatisch untermauert.

Hinzu kommt, daß lange Zeit sehr wenig konkretes Wissen über andere Religionen im Volk vorhanden war. Und da war es nicht schwer, durch Verleumdung den Gläubigen Vorurteile und Abscheu gegen andere Religionen einzuflößen.

Ein weiterer Grund für die religiösen Vorurteile mag darin liegen, daß im Verlauf der Jahrtausende immer mehr menschengemachte Dogmen, Riten und äußere Formen den geistigen Kern der Religionen überwuchert und entstellt haben, wodurch die grundlegende Einheit der Religionen verschleiert wurde, die doch in den reinen Lehren ihrer Begründer klar zu erkennen ist.

Sie wollen sagen, daß man begonnen hat, den lebendigen, offenen Gedanken zu kanonisieren, zu dogmatisieren, begonnen hat, ihn unter einer Kuppel, hinter Mauern einzusperren.

Ja. Und leider befassen sich die Menschen mehr mit ihren eigenen Auslegungen und mit äußeren Erscheinungsformen als mit den inneren Wahrheiten - und mißbrauchen daher das Geschenk der Gottesoffenbarung zu gegenseitiger Herabsetzung und zu Streitigkeiten.

Ein Hauptgrund aber mag in dem menschlichen Mißverständnis liegen, daß Religion etwas Statisches sei, das nur ein für allemal geschieht: Das Erscheinen des eigenen Propheten wird als einzigartiger, nicht zu überbietender Höhepunkt in der Geschichte angesehen. Die nachfolgenden werden als Ketzer und Betrüger abgelehnt und die vorangegangenen allenfalls als »Vorläufer« akzeptiert.

Wie kann man diese religiösen Streitigkeiten überwinden?

Bahá'u'lláh hat die heutige Menschheit mit dem wunderbaren Prinzip der »fortschreitenden Gottesoffenbarung« beschenkt, welches das Heilmittel ist gegen religiöse Mißverständnisse, Vorurteile und Streitigkeiten.

Das Prinzip der fortschreitenden Gottesoffenbarung kann man vielleicht so zusammenfassen:

- Göttliche Offenbarung ist ein dynamischer, ewiger Vorgang.
- Keine Religion kann daher die absolute, endgültige Wahrheit für sich in Anspruch nehmen.
- Jede Offenbarung ist Teil des umfassenden Heilsplans Gottes für die Menschheit, welcher sich schrittweise verwirklicht, wie es dem jeweiligen Entwicklungsstand der Menschheit entspricht.
- Jeder Offenbarer ist gleichermaßen ein Träger der göttlichen Wahrheit.
- Es ist daher nicht erlaubt, einen von ihnen abzulehnen oder herabzusetzen, den »einen von ihnen verleugnen heißt, sie alle verleugnen«.
- Wenn Gott einen Boten sendet, so ist dieser der Herr des Zeitalters, und sich ihm zuzuwenden, heißt, sich Gott zuwenden.

Bahá'u'lláh veranschaulicht dieses wichtige Prinzip, welches eine völlige Wandlung der herkömmlichen Vorstellungen von Religion bewirken wird, in vielen Gleichnissen:

- Er vergleicht die göttliche Offenbarung mit der Sonne, die einzelnen Offenbarer mit ihren Aufgangsorten; diese verändern sich im Jahresablauf, aber die Sonne ist immer die gleiche. Und wer das Licht liebt, wendet sich ihr zu, auch wenn sie an einem neuen Ort erscheint.

- Die religiösen Zyklen, die Wirkungszeiten der einzelnen Offenbarer, vergleicht Bahá'u'lláh mit dem immer wiederkehrenden Jahreszyklus. Das Erscheinen eines Offenbarers gleicht dem Frühling: es erneuert die Welt, flößt ihr neuen Geist, neue Kraft ein und fegt die alten, morschen und überlebten Formen hinweg. Es ist eine Zeit der Hoffnung, der Liebe und der Erneuerung, aber auch großer Unruhe und des Umbruchs. Wenn ein religiöser Zyklus seinen Höhepunkt erreicht, so ist dies dem Sommer vergleichbar: er bringt seine Früchte hervor.

Aber es gibt auch - und das mag ein ungewohnter und schwer akzeptierbarer Gedanke sein - den Niedergang, den Herbst und den Winter in jedem religiösen Zyklus.

Wenn, nach Jahrhunderten, die Frucht gebracht, der Sinn erfüllt ist, wenn der ursprüngliche geistige Impuls an Kraft verliert, wenn ehedem nötige Einrichtungen und Strukturen zum Hemmnis neuer Entwicklungen werden, dann tritt winterliche Erstarrung ein, die menschlichen Angelegenheiten erreichen einen Tiefpunkt, und Verwirrung und Orientierungslosigkeit deuten auf einen Umbruch hin, der zugleich den Verfall des Alten und den Anbruch eines neuen geistigen Frühlings bedeutet.

Sinn dieser Neuoffenbarungen am Ende eines alten und Beginn eines neuen Zyklus ist es, die Menschheit in jedem Zeitalter mit einem frischen Impuls der reinen göttlichen Wahrheit neu zu beleben und ihr zukunftweisende Lehren und Visionen zu vermitteln, die auf jeder Entwicklungsstufe ihren wahren Fortschritt garantieren.

Heute verkündet Bahá'u'lláh diesen geistigen Frühling für die ganze Menschheit. Aber auch er ist nicht der letzte der Offenbarer - ja er warnt seine Anhänger davor, den ihm folgenden

Gottesboten so zu behandeln, wie die Menschen ihn und die früheren Propheten behandelt haben.

Bahá'u'lláh aber ist der Herr *dieses* Zeitalters, und Seine Mission ist die Vereinigung des Menschengeschlechts - auf der Grundlage der Vereinigung der Religionen. Denn es liegt im Wesen wahrer Religion, die Herzen der Menschen zu verbinden.

Seine Lehre von der fortschreitenden Gottesoffenbarung zerbricht die Schranken zwischen den Religionen - Schranken, die in Wahrheit niemals bestanden, es sei denn in den Köpfen der Menschen.

Warum, so fragen manche, muß es denn im Namen Bahá'u'lláhs sein, daß sich die Religionen und Völker vereinen? Könnten sich nicht alle im Schoß einer der bestehenden Religionen zusammenfinden?

Die Frage ist nur: *Welche* Religionsgemeinschaft würde die Anhänger Buddhas, Krishnas, Mose, Christi, Muhammads und Bahá'u'lláhs als gleichwertige Mitglieder anerkennen? Welche außer der Bahá'í-Gemeinschaft?

Um Bahá'í zu werden, muß niemand seinen eigenen Offenbarer verleugnen - es ist geradezu eine Voraussetzung, daß man außer Bahá'u'lláh auch alle übrigen Gottesboten anerkennt, sind sie doch alle Aufgangsorte der gleichen Sonne göttlicher Wahrheit. Wie könnte man einen von ihnen gering achten, ohne Gott selbst zu lästern? »Wer den geringsten Unterschied zwischen ihnen macht, hat die Einheit Gottes nicht erkannt...«, sagt Bahá'u'lláh.

Ja, das sind ausgezeichnete Ideen. Ich höre Ihnen mit Interesse zu. Sie sagen, daß Bahá'u'lláh das geistige Suchen der verschiedenen Richtungen vereinigen und der ganzen Menschheit eine gemeinsame, umfassende Lehre geben soll. Wie kann man aber annehmen, daß Christen, sagen wir Katholiken, dieser - wenn auch ausgezeichneten - Behauptung glauben werden?

Diese Frage ist ebenso berechtigt wie interessant. Auf den ersten Blick sieht es tatsächlich nicht so aus, als würden sich plötzlich alle Kirchen und religiösen Gemeinschaften der Welt unter Tränen der Rührung umarmen und zu einer einzigen Glaubensgemeinschaft zusammenschließen. Auf den zweiten und dritten Blick noch weniger.

Wenn man Bahá'u'lláhs Aussagen genauer betrachtet, so sieht man, daß er nicht von Kirchen, nicht vom Klerus geredet hat, sondern von Religionen und vom Menschengeschlecht.

Die Geistlichkeit, die religiösen Führer haben in jedem Zeitalter den verheißenen neuen Gottesboten, um dessen Erscheinen sie Gott anflehten, bei seinem Kommen abgelehnt, verfolgt, und manche von ihnen auf grausame Weise getötet. Die Gründe sind offensichtlich: Verstrickt in ihre eigenen Vorstellungen, erkannten sie ihn nicht. Auch sahen sie sich in ihrer Vormachtstellung bedroht.

In diesem Zeitalter der Reife und der Vereinigung der Menschheit hat aber Bahá'u'lláh die geistige Vorherrschaft der Geistlichkeit durch das Prinzip der selbständigen Suche nach Erkenntnis ersetzt. Logischerweise gibt es daher in der Bahá'í-Gemeinschaft keine Priesterschaft.

Man kann ja heute ganz generell beobachten, wie die Menschen mehr und mehr das Recht auf eigene religiöse Entscheidung für sich in Anspruch nehmen und dadurch die Geistlichkeit an Einfluß verliert. Das Erstarken des Fundamentalismus in verschiedenen Glaubensgemeinschaften kann wohl eher als eine Reaktion darauf betrachtet werden denn als ein Zeichen echter Lebenskraft.

Seit längerer Zeit läßt sich ja eine steigende Tendenz bei Kirchenaustritten beobachten beziehungsweise verbreitete Passivität der Kirchenzugehörigen. Gleichzeitig ist das Interesse an anderen Religionen gewachsen und damit die Vertrautheit mit ihnen. Auch dies ist ein Zeichen dafür, daß die Menschen auf vielen Gebieten den Geist des neuen Zeitalters der Vereinigung spüren.

Nun aber zurück zu Ihrer Frage, ob man sich vorstellen kann, daß zum Beispiel die Christen jemals den neuen Glauben, die Bahá'í-Religion, anerkennen werden. Sicher werden es auch diesmal nicht die offiziellen Kirchen und geistlichen »Fachleute« sein, die beim Erkennen der Offenbarung Bahá'u'lláhs mit gutem Beispiel vorangehen. So etwas hat die Priesterschaft, von wenigen rühmlichen Ausnahmen abgesehen, im Verlauf der gesamten Religionsgeschichte noch nie getan.

Aber unter den Gläubigen jeder Religion gab und gibt es aufrichtig suchende, losgelöste Seelen, die das Licht des neuen Tages erkennen. Es sind die - wie es in der Bibel heißt - »Knechte, die der Herr, wenn er kommt, wachend vorfindet«. Und diese wenigen und in der Regel machtlosen Menschen waren und sind es, die trotz Spott und Verfolgung das neue Licht verbreiten. Genauso ist es mit der Verbreitung des Bahá'í-Glaubens.

Nie hat eine Geistlichkeit einen neuen Glauben erbitterter verfolgt als die persische die ersten Anhänger dieses neuen Glaubens. Zwanzigtausend von ihnen wurden bereits in den allerersten Jahren hingemordet, und immer wieder seither - besonders in der jüngsten Vergangenheit - flammten dort die Verfolgungen auf. Menschen werden aus ihren Häusern und Dörfern vertrieben, Heilige Stätten enteignet und zerstört, Kinder und Jugendliche aus Schulen und Universitäten ausgeschlossen, unschuldige Menschen ins Gefängnis geworfen und hingerichtet. Und sie erdulden all dies aus Liebe zu ihrem Glauben und aus Liebe zur Menschheit - obwohl sie durch einfaches Verleugnen ihres Glaubens sofort ihre Freiheit gewinnen könnten.

Bahá'u'lláh selbst ertrug jahrzehntelange Gefangenschaft und Verbannung (er starb 1892 in der Gefängnisstadt Akká), damit, wie er es einmal ausdrückte, »die ganze Menschheit wahre Freiheit erlange«.

Und er erklärte, daß die Erniedrigung, das Leiden, die äußerliche Ohnmacht der Gottesoffenbarer und ihrer Anhänger ein kostbares Opfer sei, durch welches die Macht Gottes vor den Augen der Menschen enthüllt werde. Denn nach menschlichem Ermessen müßte jeder neue Glaube, besonders aber der Bahá'í-Glaube, schon nach wenigen Jahren ausgelöscht und vergessen sein - standen doch alle weltlichen Mächte gegen wenige, machtlose Menschen.

Dieser Exkurs kann vielleicht helfen, die heute tatsächlich vorhandene Ablehnung oder Gleichgültigkeit gegenüber der Bahá'í-Botschaft, von der Sie gesprochen haben, zu relativieren: Religionen verbreiten sich eben nach anderen Gesetzmäßigkeiten als weltliche Macht.

Ich glaube, es wird Ihnen Freude machen, wenn ich, statt weitere »theoretische« Überlegungen anzustellen, jetzt versuche, Ihnen einen handfesten Beweis zu liefern.

Die heutige weltweite Bahá'í-Gemeinde setzt sich aus Menschen zusammen, die zuvor ausschließlich an Muhammad, oder an Buddha, oder an Mose, oder an Christus, oder an einen der anderen Gottesoffenbarer, oder an eine der ganz alten Stammesreligionen geglaubt hatten, oder sich zu gar keinem Glauben bekannten. Jeder von diesen Menschen hat die Einheit der Religionen sozusagen in sich selbst verwirklicht, indem er begriffen hat, daß Gott zu erkennen und zu lieben heißt, *alle* seine Boten anzuerkennen und zu lieben. Sie alle, ehemalige Anhänger verschiedener oder gar verfeindeter Glaubensrichtungen, haben die trennenden Mauern überwunden - durch ihren Glauben an Bahá'u'lláh. Unter diesen Menschen rund um den Erdball gibt es keinen Haß, keine Ablehnung gegen Angehörige anderer Religionen.

Hier kann man den Prozeß der Vereinigung aller Religionen und Weltanschauungen mit eigenen Augen betrachten. Keine Utopie also, sondern quicklebendige Wirklichkeit. Ist diese farbenfreudige Weltgemeinde kein Beweis für die einigende Kraft, die in der Erkenntnis der Einheit der Religionen liegt?

Angesichts dieser Tatsache kann man sich durchaus ein Szenario vorstellen, in dem sich zwar nicht die Kirchen, aber mehr und mehr Gläubige aller Religionen Bahá'u'lláh - und damit einander - zuwenden und so die Einheit der Religion vor aller Welt demonstrieren und verwirklichen.

Dasselbe gilt für die Völker der Welt und ihre Vereinigung. Sie alle, auch jene, die einander erbittert bekämpfen, sind bereits in der Bahá'í-Weltgemeinde vertreten, wo sie einander mit Freude, Liebe und Achtung begegnen. Die Verschiedenartigkeit wird als Bereicherung begrüßt, die gemeinsame Überzeugung von der Einheit des Menschengeschlechts und die gemeinsame Liebe zu Bahá'u'lláh verbinden die Herzen.

Bei großen internationalen Bahá'í-Konferenzen läßt sich dies hautnah erleben. Das jüngste Beispiel war der Bahá'í-Weltkongreß in New York 1992. Hundert Jahre zuvor war Bahá'u'lláh, »der Gefangene von Akká«, gestorben. Und nun waren 30.000 Menschen jeder Hautfarbe und Nationalität in seinem Namen versammelt. Sie sahen, erlebten, was Bahá'u'lláh angekündigt hatte: die Verwandlung dieser Welt der streitenden Nationen in einen »Menschheitsgarten«, dessen Schönheit gerade in seiner Vielfalt besteht - in der Harmonie der Vielfalt.

Wie kann man annehmen, daß die Menschen in China, wo es schon bald anderthalb Milliarden Menschen geben wird, die von Bahá'u'lláh nichts gehört haben, diese Lehre finden können?

Vielleicht sollte ich kurz erläutern, auf welche Weise sich die Bahá'í-Religion verbreitet. Die Bildung und Entwicklung der Bahá'í-Gemeinden in jedem einzelnen Land hat unter anderem das Ziel, der Menschheitsfamilie in ihrer ganzen Vielfalt den Zugang zu den göttlichen Lehren des neuen Zeitalters zu ermöglichen. Sie ist in diesem Sinne planmäßig, aber nicht gleichmäßig oder gleichförmig: So waren zum Beispiel die Länder des ehemaligen Ostblocks dem Glauben Bahá'u'lláhs lange Zeit verschlossen - dafür »überholen« jetzt dort die jungen Bahá'í-Gemeinden in gewisser Hinsicht die »gestandenen« Gemeinden mancher anderer Länder.

Bei der Verbreitung des Glaubens wie bei der Entwicklung der Gemeinden spielen Bewegung und internationaler Austausch eine große Rolle - und, wie im gesamten Bahá'í-Konzept, der einzelne Gläubige.

Wie es keine Geistlichkeit gibt, gibt es auch keine Berufsmissionare. Bahá'u'lláh hat die Verbreitung seines Glaubens ausdrücklich jedem einzelnen Gläubigen anvertraut und aufgetragen. Er ermutigt in seinen Schriften die Gläubigen, »unbeschwert wie der Wind die göttlichen Düfte zu verbreiten«. Und der Beginn, der Same der Bahá'í-Gemeinden in praktisch jedem Land, waren solche losgelösten und opferbereiten Menschen. Oft war es nur ein einziger.

Bei der Verbreitung des Glaubens müssen sich die Gläubigen an Bahá'u'lláhs Richtlinien halten: den Glauben jedes Menschen achten und nur sprechen, wenn beim Hörer der entsprechende Wunsch vorhanden ist. Zwang, Belästigung und jegliche Proselytenmacherei sind nicht gestattet. Die Gläubigen sollen ihre Botschaft als kostbares Geschenk darbringen und mit ihrem Wesen und Leben für ihren Glauben Zeugnis ablegen.

So ist die Verbreitung des Bahá'í-Glaubens sozusagen ein natürlicher Prozeß. Drei Komponenten sind dabei im Spiel: die Macht Gottes und sein Plan, die Bahá'í-Gemeinde, welche sich durch wachsende Reife, Opferbereitschaft und Verantwortungsbewußtsein zu seinem Werkzeug macht, und die Aufnahmebereitschaft der übrigen Menschheit. Die letztere wird, glaube ich, in dem Maß zunehmen, in dem es täglich offensichtlicher wird, daß die Menschheit aus den Problemen, in die sie sich verstrickt hat, keinen Ausweg mehr findet.

In diesem Zusammenhang möchte ich Bahá'u'lláhs Mahnung erwähnen, daß Leiden und Erschütterungen das Menschengeschlecht so lange heimsuchen werden, bis die Völker der Welt die Offenbarung Gottes annehmen und ihr ganzes Streben auf die Errichtung eines echten, universellen Friedens richten.

Seit der Publikation der Friedensbotschaft des Universalen Hauses der Gerechtigkeit wächst übrigens auch die Aufmerksamkeit der Regierungen verschiedener Staaten und der internationalen Gremien für das Bahá'í-Konzept. Schon seit 1948 ist die Internationale Bahá'í-Gemeinschaft als nichtstaatliche Organisation (NGO) bei der UNO vertreten, und die Gelegenheiten, zur Lösung wichtiger Fragen der Menschheit Beiträge leisten zu können, nehmen ständig zu.

Übrigens gab es Bahá'í in China schon zu Zeiten von Bahá'u'lláh. Nach dem Regimewechsel wurde der Bahá'í-Glaube verboten. Jetzt beginnt er, dort wieder auf Interesse zu stoßen.

Ich denke, daß wir oft noch Mühe haben, uns rasche *positive* Veränderungen und Entwicklungen in unserer Welt vorzustellen, weil wir immer noch von den bisherigen jahrhundertealten Strukturen ausgehen - zu welchen eben auch die scheinbar unüberwindlichen Schranken zwischen den Völkern, Rassen und Religionen gehören. Aber bedenken wir, daß seit Beginn der Geschichte sich die sozialen Strukturen schrittweise, von Epoche zu Epoche verändert haben hin zu immer umfassenderen Strukturen: von der Familie zum Stamm, zur Nation - bis hin zu Föderationen von Staaten. Der nächste Schritt muß konsequenterweise das Weltgemeinwesen sein.

Sie wollen sagen, daß die gegenwärtige Entwicklung diese Idee Bahá'u'lláhs bestätigt.

Ja. Die Welt ist buchstäblich aus ihren alten Strukturen hinausgewachsen. Die gegenwärtigen, veralteten Strukturen waren den Nationalstaaten angemessen, sie entsprechen aber nicht den Bedürfnissen einer globalen Gesellschaft und behindern daher die Entfaltung einer neuen, weltumfassenden Ordnung. Zudem sind sie durch die typischen Zerfallserscheinungen einer überholten Ordnung geschwächt und zerfressen: durch Korruption, Streit, Materialismus, Verwirrung und Perspektivlosigkeit.

Schon vor über hundert Jahren warnte Bahá'u'lláh vor dieser Entwicklung. Er verglich die Welt mit einem leidenden Organismus, dessen Krankheitssymptome sich täglich vermehren und verschlimmern und schließlich lebensbedrohend werden. Doch keiner hat die Ursache erkannt, keiner weiß ein Heilmittel - außer dem von Gott gesandten »Allwissenden Arzt«.

»Das Gift der Gottlosigkeit zerfrißt das Mark der menschlichen Gesellschaft«, sagt Bahá'u'lláh. »Nur der Lebenstrank der göttlichen Offenbarung kann sie wiederbeleben - der Geist der Einheit.«

Dieser Geist der Einheit ist der Geist des neuen Zeitalters, der alle Bereiche durchdringen und lenken wird. Ihn hat Bahá'u'lláhs Offenbarung in die Welt gebracht. Aber nicht nur den Geist, sondern - und das ist wichtig - auch eine Ordnungsstruktur für dieses so lang ersehnte Zeitalter. »Bald wird die heutige Ordnung aufgerollt und eine neue an ihrer Statt entfaltet werden«, sagte Bahá'u'lláh.

Aber welche Struktur - das ist nicht bekannt...

Doch, das ist sehr gut bekannt. Und sie ist dermaßen ungewöhnlich und interessant, daß wir, glaube ich, ein wenig darüber reden sollten.

Diese Struktur, diese Weltordnung, hat Bahá'u'lláh selbst in seinen Heiligen Schriften festgelegt und ihre Entwicklung *nicht* menschlichen Vorstellungen überlassen. In dieser Hinsicht ist Bahá'u'lláh ein Pionier.

Einige Merkmale der von Ihm verordneten künftigen Weltordnung sind zum Beispiel ein Weltbundesstaat, eine Weltregierung, ein Weltschiedsgerichtshof, eine Welthilfssprache, eine weltweit koordinierte Abrüstung, eine echte Weltwirtschaft usw. Das gesamte Gebäude der Weltordnung Bahá'u'lláhs ist heute noch schwer vorstellbar, da es erst in seinem Grundriß erkennbar ist und es zudem so etwas noch nie gegeben hat. Erst die volle Entfaltung dieser Weltordnung und deren segensreiche Früchte werden die Welt erkennen lassen, wie kostbar dieses Geschenk ist.

Heute, erst hundert Jahre nach Bahá'u'lláhs Tod, ist aber das lebendige *Modell einer weltumspannenden Ordnungsstruktur* in der internationalen Bahá'í-Gemeinde bereits erkennbar.

Wie diese harmonisch sich entfaltende und als ein Organismus funktionierende Weltgemeinde entstehen konnte - aus einer

Handvoll verfolgter Gläubiger - ist an sich schon ein faszinierender Vorgang. Es war kein zufälliges Wachstum, sondern planmäßige Entwicklung - wie sich aus einer Zelle ein Organismus aufbaut, weil dieser Zelle ein unsichtbarer Plan innewohnt. Diese organische Entwicklung, die in den ersten Jahrzehnten der Bahá'í-Geschichte fast »unsichtbar« blieb, hat in den letzten vierzig Jahren eine starke Beschleunigung erfahren: Die ersten fünf Nationalen Geistigen Räte sind in den zwanziger Jahren entstanden - in Großbritannien, Deutschland, Indien-Pakistan-Burma, Ägypten-Sudan und USA-Kanada. Heute gibt es 165 Nationale Geistige Räte auf der ganzen Welt. 1963 durfte ich an der ersten Wahl des Universalen Hauses der Gerechtigkeit teilnehmen und 1983 die Einweihung des Gebäudes des Universalen Hauses der Gerechtigkeit miterleben.

Wollen wir uns auch hier einige charakteristische Merkmale des Bahá'í-Modells anschauen, besonders solche, die sich von den herkömmlichen Ordnungsstrukturen unterscheiden:

- Die Bahá'í-Struktur ruht auf dem geistigen Fundament der Lehren Bahá'u'lláhs und ist in jedem ihrer Elemente vom Geist und den Prinzipien dieser Lehren durchdrungen. Glaube und Ordnung sind nicht voneinander zu trennen.
- Es ist eine Struktur, die mit dem Individuum beginnt und mit weltweiten Institutionen endet.
- In der Bahá'í-Struktur ist Machtausübung durch Einzelpersonen, Interessengruppen und dergleichen nicht möglich.
- Alle Bahá'í-Gemeinden funktionieren in jedem Teil der Welt auf *gleiche* Weise - aufgrund ihrer gemeinsamen Liebe zu Bahá'u'lláh und aus Gehorsam gegenüber seinen göttlichen Geboten.

Jetzt möchte ich versuchen, den Aufbau dieser Struktur zu skizzieren:

Da ist zuerst die Basis, welche jeden einzelnen Gläubigen einbezieht: das sogenannte *Neunzehntagefest*. In jedem Ort, wo Bahá'í wohnen, kommen sie im Abstand von 19 Tagen zu diesem Fest, das aus drei Teilen besteht, zusammen.

- Der erste Teil ist eine *Andacht*, in der Gebete und Texte aus den Heiligen Schriften gelesen werden.

- Der zweite Teil dient der *Beratung* über gemeinsames Planen und Handeln sowie dem Austausch lokaler, nationaler und internationaler Informationen.

- Der dritte, »soziale« Teil ist der *Gastfreundschaft, Liebe und Einheit* unter allen Gemeindemitgliedern gewidmet.

Das Neunzehntagefest mit seinen verschiedenen Komponenten - der Hinwendung zu Gott, der Beratung und Zusammenarbeit und der liebevollen Vereinigung mit anderen Menschen - kann geradezu als Symbol des Bahá'í-Lebens angesehen werden.

Dies war also die Basis. Nun folgt die nächste Ebene der Bahá'í-Struktur:

Alle Gläubigen ab 21 Jahre wählen alljährlich ihre *lokalen und nationalen Bahá'í-Institutionen*, welche die Bahá'í-Gemeinden auf diesen Ebenen leiten. Bahá'u'lláh hat sie Häuser der Gerechtigkeit genannt. Sie werden auch Geistige Räte genannt, um ihren vorrangig geistigen Charakter zu unterstreichen.

Das *Universale Haus der Gerechtigkeit*, die höchste Bahá'í-Institution, welche die Bahá'í-Aktivitäten weltweit leitet und koordiniert, wird alle fünf Jahre von den Mitgliedern aller Nationalen Geistigen Räte bei einer feierlichen Internationalen Tagung im Bahá'í-Weltzentrum in Haifa, Israel, gewählt. An dieser Wahl sind die nationalen Bahá'í-Gemeinden jedes Landes - die kleinsten wie die größten - mit je neun Delegierten gleichberechtigt beteiligt.

Diese oberste Bahá'í-Institution hat aber nach dem Willen Bahá'u'lláhs nicht nur eine leitende, sondern auch eine gesetzgebende Funktion. Während die Gebote und Gesetze Bahá'u'lláhs unantastbar und für die gesamte Dauer des Bahá'í-Zyklus maßgebend sind, hat er dem Universalen Haus der Gerechtigkeit die Autorität verliehen, auf bestimmten Gebieten, die er bewußt nicht ausdrücklich geregelt hat, geeignete und mit seinen Lehren in Einklang stehende Gesetze zu erlassen und diese bei Bedarf auch wieder zu verändern oder aufzuheben. Dadurch werden die veränderten Bedingungen und Bedürfnisse, die als Folge der gesellschaftlichen Entwicklung entstehen, von vornherein berücksichtigt. Bahá'u'lláh hat sowohl für Konstanz als auch für Dynamik und Flexibilität gesorgt und die Entstehung von Dogmen unmöglich gemachtt.

Die Heiligen Stätten in Haifa und Akká bilden gemeinsam mit dem Universalen Haus der Gerechtigkeit, dem Internationalen Bahá'í-Archiv, dem Zentrum zum Studium der Heiligen Texte und weiteren internationalen Bahá'í-Institutionen das *geistige und administrative Weltzentrum der Bahá'í-Religion*, auf das die Gedanken und Herzen der Bahá'í-Gläubigen in aller Welt in Hochachtung und Liebe gerichtet sind.

Ich denke mir übrigens: Für die verschiedenen Bauten, auch für Kongresse, Beratungen und andere Bahá'í-Aktivitäten, bei denen Menschen zusammenkommen - für all das müssen Mittel vorhanden sein. Das heißt, man braucht Geld, um diesen Prozeß zu verwirklichen.

Die Mittel für alle Tätigkeiten der Bahá'í-Gemeinden stammen ausschließlich aus *freiwilligen Spenden der Gläubigen*. Die Annahme von Spenden und Subventionen *von außerhalb sind nicht gestattet*. Dies ist unter anderem eine Gewähr für die Unabhängigkeit der Bahá'í-Gemeinde.

Das Spenden wird von den Gläubigen als Vorrecht empfunden. Hier entwickelt sich eine *neue Einstellung zum Geld*, dessen eigentlicher Wert darin liegt, daß es die materielle Grundlage zur Verwirklichung geistiger Visionen und des göttlichen Plans darstellt. Wichtig ist weniger die Höhe des gespendeten Betrages als der Geist der Liebe, der Kooperation und der Mitverantwortlichkeit, in dem die Spende dargereicht wird. Spenden an den Internationalen Fonds, der vom Universalen Haus der Gerechtigkeit verwaltet wird, ermöglichen unter anderem einen weltweiten *Ausgleich der Mittel* zwischen den wohlhabenderen und den ärmeren Bahá'í-Gemeinden.

Ich möchte aber nochmals auf die *Bahá'í-Wahl* zurückkommen, die sich so sehr von dem unterscheidet, was heute unter »Wahlen« verstanden wird.

- Die Bahá'í-Wahl ist ein *geistiger Akt*. Sie wird im Geist des Gebetes vollzogen. Aufstellen von Kandidaten, Wahlkampf, Wahlpropaganda und Wahlbeeinflussung jeder Art sind von Bahá'u'lláh streng verboten.
- Die Bahá'í-*Wahlkriterien* sind geistige Eigenschaften, Erfahrung, Reife, Fähigkeit und Dienstbereitschaft.
- Mit der Wahl sind keinerlei finanzielle oder sonstige *Vorteile oder Privilegien* für den Gewählten verbunden. Nur die Institution als Ganzes hat Autorität, nicht aber die einzelnen Mitglieder.
- Die Bahá'í-Institutionen arbeiten in völliger *Unabhängigkeit von der Wählerschaft* - von »Lobbys« gar nicht zu reden. Denn die Bahá'í-Institutionen sind in ihren Beschlüssen ausschließlich an die Gebote und die Lehren Bahá'u'lláhs gebunden.
- Im Bahá'í-System gibt es *keine Parteien*, keine Opposition, denn Bahá'u'lláh hat die Methode des Kampfes durch die Methode der Beratung und der Zusammenarbeit ersetzt. Wie wäre es anders denkbar, da doch Einheit das Ziel seiner Offenbarung ist?

Die *Arbeitsmethode* der Bahá'í-Institutionen ist die *gleichberechtigte Beratung* aller Mitglieder des Gremiums. Vertrauen, Liebe und Einheit zwischen den Mitgliedern sind dabei nach den Bahá'í-Lehren die oberste Pflicht. Daher müssen sich die Mitglieder um Aufrichtigkeit, Höflichkeit, Offenheit, Mäßigung und Achtung für die Meinungen jedes Mitglieds bemühen.

Bahá'í-Beratung ist *einigend*. Weil alle Bahá'í, ungeachtet ihrer Verschiedenheit, in Bahá'u'lláh einen gemeinsamen Mittelpunkt sehen, d.h. in ihm alle einig und vereint sind, bemühen sie sich, konstruktive Beiträge zu leisten und aus der fruchtbaren Vielfalt der Meinungen und Sichtweisen zu einmütigen Entscheidungen zu gelangen. Daraus folgt, auf ganz natürliche Weise, die Bereitschaft zur Kooperation und zur Konzentration der Kräfte, um die gemeinsamen Ziele zu erreichen.

Diese bewußt geübten Verhaltensweisen sind Zeichen der Reife, des gemeinsamen geistigen Fortschritts und des Aufbaus. Die Vorgänge in den politischen Strukturen sind dagegen eher Zeichen des Kampfes und des Zerfalls. Die heutige Welt kämpft und zerstört, weil sie keine geistige Mitte, keinen gemeinsamen Maßstab hat, und weil sie sich von so vielem abhängig macht und bestimmen läßt - nur nicht von Gott.

Das ist der Kern der Sache. Und als lebendige Alternative dafür wächst vor unseren Augen unaufhaltsam eine neue Menschheit heran, eine Menschheit der Kohärenz und der Liebe - geeint im Glauben an den einen Gott, den Gott aller Völker, aller Staaten, aller Menschen.

Nach den von Bahá'u'lláh gegebenen, wirklich revolutionierenden Grundsätzen arbeiten die Anhänger Bahá'u'lláhs in Geistigen Räten und anderen Bahá'í-Institutionen in allen Ländern der Welt. Es gibt heute weltweit gut 17.000 örtliche Geistige Räte und 165 Nationale Geistige Räte, deren Wirken vom Universalen Haus der Gerechtigkeit geleitet und koordiniert wird. Die Bahá'í-Weltgemeinde ist, wie bereits erwähnt, auch in der UNO vertreten, wo die Bahá'í-Delegationen mit Statements zu wesentlichen Menschheitsfragen wie Abrüstung, Rassismus, Mann und Frau, Umweltschutz, Menschenrechte, Erziehung usw. den Bahá'í-Standpunkt bekanntmachen.

Dadurch, aber auch durch ständig wachsende lokale und nationale Bahá'í-Aktivitäten, wird die Aufmerksamkeit der Öffentlichkeit allmählich auf das Bahá'í-Konzept gelenkt. Viele Menschen, Institutionen und Regierungen, reagieren heute positiv. Sie interessieren sich für die ethischen Grundsätze, das Beratungsmodell, das Erziehungssystem der Bahá'í.

Dies ist eine erstaunliche Entwicklung, wohl einmalig in der Religionsgeschichte - sind doch erst gut 100 Jahre vergangen seit Bahá'u'lláh, ein Gefangener, sich in Sendschreiben an die weltlichen und geistlichen Herrscher seiner Zeit gewandt hatte - auch an jene, in deren unmittelbarer Gewalt er sich befand: an

Nassereddin-Schah von Persien und an den türkischen Sultan Abdul-Asis. Ihnen, aber auch Napoleon III., Kaiser Wilhelm I., Franz Joseph, Kaiser von Österreich und Ungarn, Papst Pius IX., den er ausdrücklich aufforderte, auf weltliche Macht und Reichtümer zu verzichten, sowie dem Zaren Alexander II. und Königin Viktoria von Großbritannien und Irland verkündete er in machtvoller Sprache, daß der »König der Könige« erschienen sei und daß es ihre oberste Pflicht sei, sich ihm zuzuwenden und den Größten Frieden zu errichten.

Er warnte sie, daß, wenn sie seinen Ruf unbeachtet lassen, die Macht ihren Händen entgleiten wird. Und die Menschheit wird von allen Seiten von soviel Elend, Leid, Zerstörung und Verwüstung heimgesucht werden, daß sie schließlich keinen anderen Ausweg mehr sehen wird als sich zu vereinigen. Bahá'u'lláh hat damals den Herrschern und der ganzen Menschheit einen leichteren Weg angeboten und die geistigen Richtlinien wie auch die praktischen Mittel dazu klar dargelegt.

Diesen Vorschlag hat aber selbstverständlich niemand angenommen, aus persönlichem und gesellschaftlichem Egoismus.

Ja. Wie Sie sofort richtig vermutet haben, war da niemand, der Bahá'u'lláhs Ruf Beachtung schenkte. Und das Resultat sehen wir heute: Bahá'u'lláhs Warnungen und Prophezeiungen haben sich erfüllt. Seit der Zeit seiner Verkündigung verloren fast alle Könige ihre Krone, und bei den sehr wenigen übriggebliebenen, die sie symbolisch noch ab und zu aufsetzen, kann man von Macht kaum noch reden.

Der Zusammenbruch aller ethischen Werte treibt die Welt unaufhaltsam ihrem Ruin zu. Gleichzeitig mit diesem Niedergang der alten Weltordnung hat die Sache Bahá'u'lláhs in ihrer weltweiten Gemeinde und ihren lokalen, nationalen und globalen Institutionen Gestalt angenommen. Das Modell seiner neuen Weltordnung ist sichtbar geworden und demonstriert auf eindrückliche Weise die Umsetzbarkeit der Bahá'í-Lehren in das tägliche Leben aller Völker unseres Erdballs. Niedergang auf der einen Seite, Entfaltung auf der anderen. Das Wort Gottes manifestiert seine lebendige Wirksamkeit und Entwicklungskraft. Liegt darin nicht viel Hoffnung für die Welt?

Dieses Treffen, dieses Gespräch interessiert mich immer mehr. Die Sache ist die, daß ich in letzter Zeit über verschiedene Dinge sehr viel nachdenke: über mein Leben, über das Leben derjenigen Gesellschaft, die jetzt erstaunliche, noch nie dagewesene Veränderungen erlebt.

Eins wird mir klar: daß vieles aus jenem Leben, welches ich und meine Generation gelebt haben - das alles wurde plötzlich glatt weggeworfen, wie Abfall, wie Gerümpel. Es wird nicht mehr benötigt. Dieser Staat wird nicht mehr gebraucht. Alles, was mit diesem Staat zusammenhing - seine Errichtung, seine Organisation, seine gegenwärtigen Beziehungen, seine Menschen - alles das ist wie durchgestrichen. Und es ist, wie wenn ein neues Leben von Null beginnen würde.

Und deswegen, wenn wir uns beide über ewige Dinge unterhalten, stützt mich das seelisch auf irgendeine Weise.

Vielleicht müssen wir Menschen diese schmerzliche Erfahrung machen, von der Sie so eindrücklich gesprochen haben, damit uns bewußt wird, daß tatsächlich all unsere menschlichen Bestrebungen, all unsere Macht und Herrlichkeit, wie ein Kartenhaus zusammenfallen können, wenn wir uns ganz auf das materielle Dasein konzentrieren und auf unsere eigenen Wünsche.

Gerade das Scheitern dieses Weges kann dazu führen, daß der Mensch wieder nach dem Geistigen, nach dem Ewigen sucht und fragt.

Ich beginne zu verstehen, daß es irgendwelche ewigen Gesetzmäßigkeiten gibt, Wahrheiten, Werte. Daß alles andere vergänglich ist - Politik eingeschlossen, wie mächtig sie auch sein mag, wer immer sich als Herrscher auf Ewigkeit auch proklamiert haben mag oder proklamiert wurde.

Und so kommt man zum Schluß, daß nicht nur alles relativ ist, sondern daß es irgendwelche Werte gibt, an die man sich halten sollte, die immer wirksam sein werden.

Im Bahá'í-Glauben gibt es bestimmte eigene Entdeckungen: Keine der Religionen kann, obwohl sie das behaupten, auf Absolutheit Anspruch erheben.

Wenn der Bahá'í-Glaube in diesem Sinne keinen Anspruch erhebt, sondern ständig die Freiheit des Denkens, die Freiheit der Äußerung unterstreicht - man kann eintreten, man kann austreten, man kann glauben, man kann nicht glauben und so weiter -, dann sind darin bereits demokratische Elemente vorhanden.

In der Bahá'í-Religion müssen aber wahrscheinlich auch bestimmte Vorstellungen darüber vorhanden sein, was heilig und was verbrecherisch ist. Wahrscheinlich gibt es allgemeine Normen wie »Du sollst nicht töten« und andere. Gibt es die?

Obwohl Sie zahlreiche Fragen berührt haben, möchte ich mich auf die Hauptfrage konzentrieren: auf Ihre Frage nach den ewigen Werten und den allgemeinen Normen.

Wir finden diese Werte und Normen im Kern jeder Religion. Sie sind der ewige Teil, der in jeder religiösen Sendung, in jedem Zeitalter, unveränderlich bleibt: das Gebot der Gottes- und Nächstenliebe, die Stufe und Bestimmung des Menschen als geistiges Wesen und die Unsterblichkeit der Seele.

Auf der Basis dieser grundsätzlichen Werte werden in jeder religiösen Sendung verbindliche Normen in Form von Geboten und Prinzipien formuliert. In jedem Zeitalter werden aber andere Akzente gesetzt - entsprechend den Bedürfnissen jenes Zeitalters.

Die *höchste Norm in Bahá'u'lláhs Offenbarung ist die Einheit.* Alle Aspekte, Prinzipien, Ratschläge und Gebote der Bahá'í-Offenbarung dienen dazu, der heutigen Menschheit Erkenntnisse, Fähigkeiten, Verhaltensweisen zu vermitteln, die zur Verwirklichung der Einheit der Menschheit nötig sind.

Bahá'u'lláhs Lehren und Gebote sind also keine willkürlichen Normen, sondern eine Art *Gesamtkonzept für dieses Zeitalter*, der Schlüssel zum Verständnis der verwirrenden Entwicklungen unserer Zeit:

Der *philosophische Teil* der Offenbarung Bahá'u'lláhs beleuchtet und erklärt *Einheit als Schöpfungsprinzip*, was übrigens auch die Wissenschaft erkannt hat.

Der *prophetische Teil* stellt der Menschheit die *Einheit als Ziel* und Verheißung vor Augen. Weltfriede und Welteinheit sind Gottes Wille für dieses Zeitalter. Die heutige Menschheit ist aufgerufen, sie zu verwirklichen.

Die *Weltordnung Bahá'u'lláhs* ist das *Instrument und zugleich Sinnbild der Einheit*. Das Fundament dieser Ordnung ist Unterordnung unter den einzigen Gott. Ihre Kennzeichen sind Einheit von Geist und Form und Einheit in der Vielfalt. Ihre Erfordernisse sind Dienstbarkeit, Beratung und Zusammenarbeit.

Die *Lehren, Prinzipien und Gebote* zeigen den *Weg*: Die Einheit Gottes und aller seiner Propheten ist der *Ausgangspunkt*. Schritte auf dem Weg zur Welteinheit sind die Einheit von Mann und Frau, die Einheit von Religion und Wissenschaft, die Einheit der Religionen, das Ablegen von Vorurteilen, selbständiges Forschen nach Wahrheit und, vor allem, Vergeistigung, das heißt Aneignung geistiger Eigenschaften wie Gerechtigkeit, Vertrauenswürdigkeit, Friedfertigkeit usw.

Gebote wie das tägliche Gebet, das tägliche Lesen in den Heiligen Schriften und das alljährliche Fasten dienen der geistigen *Wandlung und Entwicklung* des Individuums und befähigen es, die oben erwähnten Verhaltensweisen in seinem täglichen Leben mehr und mehr zu verwirklichen.

Aufschlußreich sind die wenigen *Verbote*: Bahá'u'lláh verbietet alles, was der Verwirklichung der Einheit im Wege steht: Streit und Gewalt, üble Nachrede und Überheblichkeit, und ebenso alles, was die Würde des Menschen und seine ihm von Gott bestimmte Stufe herabsetzt. Dazu gehören das Betteln und das Glücksspiel, aber auch Alkohol und alle anderen Rauschgifte, da sie die Persönlichkeit des Menschen verändern und ihn versklaven.

Der Sinn solcher Verbote ist, den Menschen von allem außer Gott unabhängig zu machen, damit er den Zustand *wahrer Freiheit* erlange, die allein wahre Selbstverwirklichung ermöglicht. Denn wenn der Mensch im Namen mißverstandener Freiheit und Selbstverwirklichung ein schrankenloses Ausleben der eigenen Wünsche, Freiheit von jeder Bindung und Verantwortung, ja von Gesetzen, göttlichen Geboten und ethischen Normen für sich beansprucht, so wählt er in Wahrheit einen Zustand extremer Unfreiheit, da er sich abhängig macht von seinem Ich, seinen Wünschen, seinen Trieben - oft sogar von menschlichen Idolen, Moden und Trends. Und je mehr Menschen dies tun, umso unerträglicher wird der Zustand der Gesellschaft und der Welt. Das meint Bahá'u'lláh, wenn er sagt: »Freiheit muß letzten Endes zum Aufruhr führen, deren Flamme niemand löschen kann. Die Freiheit, die euch nützt, findet ihr nur in der Unterwerfung unter Meine Gebote.«

Es ist bezeichnend, daß in diesem Zeitalter, da die Menschheit zur Reife und Mündigkeit kommen soll, die göttlichen Gebote die *Einsicht und geistige Entfaltungsmöglichkeit* des Menschen stark ansprechen. Das große Ziel wird ihm vor Augen gestellt, Zusammenhänge und Gesetzmäßigkeiten werden offengelegt, der Weg wird beschrieben, und er wird ermutigt und aufgefordert, sein ganzes Sein und Tun der Erreichung dieses Ziels zu weihen. Die stärkste Motivation zu einer solchen Hingabe ist aber die *Liebe*, welche die göttliche Offenbarung in den Herzen derer, die sich ihr zuwenden, auslöst. Daher vermag die göttliche Offenbarung Menschenherzen zu verwandeln - wozu Einsicht oder menschliche Gesetze allein nicht in der Lage sind.

Folgt der Mensch dem Weg, den ihm die Offenbarung weist, so wird er die segensreichen Wirkungen auf drei Ebenen erfahren: Einmal ist die Vergeistigung des einzelnen die Basis für ein friedliches und gerechtes Zusammenleben, zum anderen schenkt sie dem Individuum wahres Glück und wahre Freiheit, und drittens ist es die einzig »sichere« Vorbereitung auf den Tod - das heißt eigentlich: auf das *Leben* danach...

Einer der Hauptpunkte - das ist der Abschluß des Lebens. Die Geburt vollendet sich unvermeidlich durch den Weggang, durch den Abschluß des Lebens. Alle Religionen haben diesem Thema große Aufmerksamkeit gewidmet. Es gibt Vorschriften, ganze Rituale, Gebete und so weiter. Und gerade dadurch erleuchten, sozusagen, die Religionen die Vollendung des Lebens.

Die Menschen möchten diesem bitteren Ereignis entsprechende Zeichen des Respekts, der Verehrung, der Größe und so weiter verleihen.

Eine jede Religion hat ihre feierlichen Rituale, Attribute. Und wie ist es bei der Bahá'í-Religion? Hat sie auch ihre Rituale und Attribute? Oder hat das mit der Bahá'í-Lehre nichts zu tun?

Im Bahá'í-Glauben gibt es nur sehr wenige verbindliche Riten. Zu ihnen gehören die Eheschließung, das tägliche Gebet und auch die Bestattung der Toten. Bahá'u'lláh hat diese Riten auf ein Minimum beschränkt und der aktiven Gestaltung solcher Anlässe durch die Gläubigen viel Raum gelassen. Vor dem Entwickeln zahlreicher Vorschriften und Formen wird ausdrücklich gewarnt, weil durch mechanisches Wiederholen immer gleiche Abläufe der Blick auf den eigentlichen Sinn verstellt werden kann.

Zuständig für die Riten waren ja in früheren Religionen die Priester, die eine wichtige Vermittlungsfunktion für das oft analphabetische Volk hatten. Aber für dieses Zeitalter hat Bahá'u'lláh einen neuen Weg gezeigt - es ist der Weg der religiösen Mündigkeit und Verantwortlichkeit jeder einzelnen Seele. So wird der Mensch aus der Bevormundung durch andere Menschen entlassen, wie man ein Kind aus der Schule entläßt, damit es seine weitere Entwicklung in eigener Verantwortlichkeit fortsetzen kann.

Wegen der Geistlichkeit - hier bin ich völlig einverstanden. Ich denke, daß es eine vernünftige Lösung ist. Vielleicht nicht jetzt, aber in Zukunft wird die Geistlichkeit sozusagen archaisch sein, da das Bewußtsein der Menschen, die Kultur der Menschen in der Masse so hoch sein wird, daß der Mensch auch ohne einen Schulmeister, ohne einen Seelenhirten wird auskommen können.

Das besagt, mit anderen Worten, daß mit der Zeit die Entwicklung und Evolution den Menschen als vernünftiges Wesen, als Kulturträger, dazu führen wird. Und die Zivilisation wird selbstverständlich dazu beitragen.

Ja. Vor allem aber auch die allgemeine *Zugänglichkeit der reinen göttlichen Lehre*. Bedenken Sie, daß Bahá'u'lláh als erster Offenbarer seine Lehren schriftlich niedergelegt hat. Stellen Sie sich vor: Gottes Wort, ein offenes Buch, vor den Augen der Völker der Welt und der Anhänger aller Religionen!

Geschah also früher die Führung der Seelen durch die Geistlichkeit, so hat Bahá'u'lláh heute jeden einzelnen befähigt, Orientierung und göttliche Führung in seiner Offenbarung zu finden.

Daraus erklärt sich, daß zu seinen wesentlichsten Geboten - neben dem täglichen Gebet - auch das tägliche aufmerksame und kontemplative Lesen in den Heiligen Schriften gehört. Lesen, nachdenken und im persönlichen Leben verwirklichen - dazu wird jeder einzelne Gläubige aufgefordert.

Da die Schriften Bahá'u'lláhs alle Lebensbereiche umfassen, kann der Gläubige auf diese Art eine ständige Ausrichtung seines Denkens und Handelns auf die geistigen Impulse und Maßstäbe der göttlichen Lehren anstreben, eine Verschmelzung von Glauben und Leben - und darauf kommt es doch an, nicht wahr?

Nur so kann das Leben des einzelnen und der Gemeinschaft allmählich durch die göttliche Religion beeinflußt und gewandelt werden.

Nun zu Ihrer Frage nach Bahá'í-Riten im Zusammenhang mit dem Tod. Für die Bestattung ist von Bahá'u'lláh das Totengebet vorgeschrieben. Daneben gibt es einige weitere Vorschriften: Der Körper, der Tempel des Geistes, muß mit Ehrfurcht behandelt werden. Dei Verbrennung der Verstorbenen ist nicht gestattet. Vorgeschrieben ist die Bestattung in der Erde, welche eine natürliche Verwesung des Körpers zuläßt. Die Leiche darf zudem nicht weiter als eine Stunde vom Sterbeort beigesetzt werden.

Das Ritual selbst nimmt aber einen geringeren Raum ein als die grundsätzliche Auseinandersetzung mit der *Bedeutung von Tod und Leben*, zu der Bahá'u'lláh die Gläubigen auffordert und erzieht:

Der Tod ist ein Übergangsereignis wie die Geburt. Ebenso, wie der Embryo im Mutterschoß sämtliche Körperorgane entwickeln muß, die er in seinem Leben nach der Geburt brauchen wird, ist die Aufgabe des Menschen in diesem Leben, geistige Eigenschaften und Fähigkeiten zu entwickeln - Liebe, Gottnähe, Selbständigkeit, Reinheit und Loslösung - die nach dem Tod seine rein geistige Existenz ausmachen. Der Sinn des Lebens ist die geistige Entwicklung, so, wie die körperliche Entwicklung Sinn des vorgeburtlichen Lebens ist. Der Tod ist die Geburt in die nächste, höhere Daseinsebene.

Diese Einstellung zu Leben und Tod kommt in den Bahá'í-Bestattungen zum Ausdruck. Vor oder nach der Beisetzung gibt es in der Regel eine Andachtsversammlung, die jeweils frei und individuell gestaltet werden kann. Es werden Gebete gelesen und Texte aus den Heiligen Schriften über die Bedeutung des irdischen Lebens und der jenseitigen, geistigen Welten, über das Wesen der menschlichen Seele, ihre Unzerstörbarkeit und ihren Weg zu ihrem ewigen Ziel. Von solchen Andachtsversammlungen geht viel Liebe und Trost aus.

Vielleicht noch ein paar Worte zur Trennung von geliebten Menschen: Man soll sich bemühen, lehrt Bahá'u'lláh, nicht maßlos zu sein in Trauer und Trennungsschmerz. Die Qual, einen nahen Menschen zu verlieren, wird durch das Bewußtsein gemäßigt, daß die Liebe und die geistige Verbundenheit fortdauern und die Seele, welche Gottes Nähe in diesem Leben gesucht und dem Schöpfer gedient hat, bei ihrem Aufstieg von Freude erfüllt ist. »Ich habe den Tod zum Boten der Freude für dich gemacht«, sagt Bahá'u'lláh.

Und wie ist es mit der Hochzeit?

Bei der Bahá'í-Trauung beschränkt sich der vorgeschriebene Ritus auf einen einzigen Satz, in welchem Bahá'u'lláh zeigt, auf was es im Leben - und damit auch im Eheleben - vor allem ankommt: »Wahrlich, wir wollen alle an Gottes Willen festhalten.«

Diesen Satz sagen die beiden Brautleute vor zwei Zeugen, und damit ist die Bahá'í-Ehe geschlossen.

Die Beschränkung der Riten auf ein Minimum, welches aber den Kern der Sache erhellt, ist, wie gesagt, bezeichnend für den Bahá'í-Glauben, der ja ganz allgemein den Menschen zum Verstehen der geistigen Zusammenhänge, zum verantwortlichen Entscheiden und Handeln und zum bewußten Gestalten des individuellen und gemeinschaftlichen Lebens aufruft und ermutigt. Wichtig bei religiösen Feiern - ob es sich nun um die Trauung, die Bahá'í-Feiertage, die Neunzehntagefeste oder die Bestattung handelt - ist also das lebendige, immer neue, bewußte Wahrnehmen der geistigen Bedeutung des betreffenden Anlasses.

So wird die Bahá'í-Eheschließung in aller Regel von einer feierlichen Andacht umrahmt, die individuell und liebevoll vorbereitet wird. Aus dem reichen Schatz der Heiligen Schriften werden Texte über Liebe, Einheit, Treue und Lebensführung und natürlich über den Sinn der Ehe gelesen, wovon nicht nur das Brautpaar selbst, sondern auch alle Anwesenden - Jugendliche ebenso wie »gestandene« Ehepaare - angerührt werden und auch profitieren.

Der äußere Rahmen kann so unterschiedlich und vielfältig sein wie die Menschen dieser Erde. Natürlich wird sich eine

Bahá'í-Hochzeit in Afrika, in Südamerika, in Indien oder in China von einer Bahá'í-Trauung in Europa unterscheiden: durch die Kleidung, musikalische Darbietungen, Bewirtung usw. Aber an jeder dieser Hochzeiten wird das Brautpaar den Satz »Wahrlich, wir wollen alle an Gottes Willen festhalten« sprechen, und überall werden Hochzeitsgebete und Texte aus den Bahá'í-Schriften gelesen. Auch hier kann man wieder die Einheit im wesentlichen, geistigen Kern und die Vielfalt in den äußeren Erscheinungsformen, die ja gerade den Reichtum der Menschheit ausmacht, erleben.

Ich würde gern noch einige Aussagen Bahá'u'lláhs über den Sinn der Ehe erwähnen, wie sie etwa bei Bahá'í-Trauungen gelesen werden.

Die Ehe bezeichnet er als eine ewige Verbindung, deren Sinn die gegenseitige Förderung im geistigen Leben ist und die auch durch den Tod nicht zerstört wird. Gott hat »das Gesetz der Ehe zu einer Feste des Wohlergehens« gemacht. Sie ist ein »Sinnbild der Einheit«, und sie soll »süße Früchte zur Heilung der Völker« hervorbringen, indem sie in die Herzen der Kinder »den Samen des Friedens« sät.

Bemerkenswert ist in diesem Zusammenhang, daß Bahá'u'lláh die Einwilligung der Eltern von Braut und Bräutigam zur Bedingung für eine Eheschließung macht. Denn es ist sehr wichtig, daß die neue Familienzelle in einer Atmosphäre von Einheit und Einvernehmen zustandekommt und das junge Paar von der Liebe der Eltern umhüllt wird. Andererseits ist es aber den Eltern nicht erlaubt, ihre Kinder zu »verheiraten«. Erst, wenn die Kinder ihre Wahl getroffen haben, kommen die Eltern »an die Reihe«.

Vielleicht sollten wir an dieser Stelle auch gleich über Kindererziehung reden?

Das ist, meine ich, der Sinn des Lebens. Es ist ein allumfassendes, universales Gesetz: Alles lebt dazu, um Fruchtbarkeit zu erlangen und fortzubestehen. Schon die Pflanzen, die Blumen, blühen ja nicht, damit wir sie pflücken oder uns an ihnen ergötzen. Nein: Auf diese Art wird der Fortbestand der Art gesichert. Samen werden produziert, Bäume wachsen, Tiere, Fische, Insekten - alle sind da, um Nachkommen zu hinterlassen. Eben darin liegt der höchste Sinn.

Auch beim Menschen besteht das Ziel seiner Existenz darin. Aber bei ihm ist das alles komplizierter, schwieriger. Der Mensch muß nicht nur Nachkommen hinterlassen, sondern auch den Intellekt dieser Nachkommen erziehen. Alles andere ist von der Natur gegeben: der Körper, der Organismus. Aber der Intellekt wird in sehr rudimentärem Zustand gegeben, sozusagen als Anlage, als Potential.

Wenn eine Glaubenslehre die Entwicklung des Intellekts fördert, so daß er zu einem kleinen Modell des Universums wird, dann akzeptiere ich das, halte es für unumgänglich.

Ohne einen solchen Glauben geht es nicht. Das ist es, worin ich den wahren Sinn jeder Glaubenslehre sehen möchte, auch der Bahá'í-Lehre: Erziehung des Intellekts.

Wenn eine Religion aber dieses Bewußtsein, diesen Intellekt auf eine Weise formt, welche die Dissonanz von Schranken und Abgrenzungen in diesem Intellekt hervorruft, die Dissonanz des Chauvinismus, der nationalen und sozialen - und religiösen - Schranken, dann ist das eine schreckliche Religion.

Sie haben, denke ich, einen wesentlichen Punkt von Religion und Erziehung angesprochen und dabei viele Aspekte berührt, auf die ich gern im einzelnen eingehen möchte, denn die Bahá'í-Lehren zur Frage der Erziehung sind, in den betreffenden Punkten, wie eine »Illustration« Ihrer Gedanken. Zuvor aber eine kurze Bemerkung zu Ihrer letzten Äußerung:

Es ist leider eine Tatsache, daß im Namen der Religion, ja im Namen Gottes, immer wieder Dissonanzen hervorgerufen, Schranken zwischen Menschen errichtet wurden. Dies hat nicht nur in jedem einzelnen Fall zu unendlich viel Streit, Leid und Unrecht geführt, sondern es hat, was noch schlimmer ist, das Vertrauen vieler Menschen in die Religion untergraben, hat viele Menschen sich von der Religion abwenden lassen.

Es ist daher so wichtig, ganz klar herauszustellen, daß die wahre, reine, gottgegebene Lehre, die jeder Religion zugrunde liegt, nichts anderes hervorrufen kann als Liebe zwischen den Menschen und eine Veredelung und Höherentwicklung des menschlichen Geistes. Sie ist wie eine klare heilsame Quelle, während die vermenschlichte, von Menschen für eigensüchtige Zwecke mißbrauchte und pervertierte »Religion« verschmutztem und vergiftetem Wasser gleicht.

Nun aber zu Ihren Gedanken über den menschlichen Intellekt und seine Förderung durch die religiösen Lehren. Bahá'u'lláh erläutert in seinen Schriften dieses wichtige Thema auf anschauliche Weise: Er vergleicht den Menschen mit einer Schatzgrube voller Edelsteine, und er fügt hinzu: »Nur durch die Erziehung können diese Edelsteine ans Licht gebracht werden, nur durch die Erziehung kann der Mensch daraus Nutzen ziehen«. Wie Sie schon sagten, ist der Mensch als einziges Geschöpf mit Intellekt, mit der Fähigkeit zu glauben und geistige Zusammenhänge zu begreifen, mit Entscheidungsfähigkeit - und damit mit Verantwortlichkeit für sein Tun - ausgezeichnet. Aber wie könnte er aus diesen Fähigkeiten, diesen »Edelsteinen«, aus diesem »Potential«, wie Sie es nennen, Nutzen ziehen, wenn ihm nicht zugleich Ausrichtung und Ziel, Maßstäbe und Normen gegeben würden? Diese erhält er durch die Glaubenslehren der göttlichen Erzieher, durch die Lehren der Religion.

Die Gottesboten nennt Bahá'u'lláh auch göttliche Erzieher der Menschheit. Sie geben dem Menschen Kunde von der Erhabenheit seiner Stufe, von der Welt des Geistes, die seine eigentliche Heimat ist, von der Liebe Gottes, aus der heraus er erschaffen wurde und der er seine Existenz verdankt, und davon, daß Gott zu erkennen, sich Ihm zu nähern, das höchste Ziel des menschlichen Lebens ist.

Falls der Mensch seinen wahren Erzieher nicht erkennt und daher, in Unwissenheit über seine hohe Stufe und sein wahres Ziel, sich mit selbstsüchtigen und materiellen Zielen zufriedengibt, sinkt er sogar unter die Stufe des Tieres herab - denn das

Tier *erfüllt* den ihm von Gott bestimmten Daseinszweck. Darum sagt Bahá'u'lláh: »Wie erhaben ist die Stufe, die der Mensch erreichen kann, wenn er sich entschließt, seine hohe Bestimmung zu erfüllen.« Sonst versinkt er in »Tiefen, wie sie selbst die niedrigsten Geschöpfe nie erreichten«.

Hier liegt auch der Schlüssel zu der ewigen Frage, ob der Mensch gut oder böse sei. Für beides finden sich Beweise: für abgrundtiefe Roheit ebenso wie für fast übermenschliche Seelenstärke, Selbstlosigkeit und Güte. »Edel erschuf Ich dich - warum erniedrigst du dich selbst?«, sagt Bahá'u'lláh in seinem Buch »Verborgene Worte«.

Aus all dem wird, glaube ich, klar, daß die Stufe des Menschen ihrem Wesen nach auf Erziehung hin angelegt ist - aber auf Erziehung in einem viel weiteren, höheren Sinn, als sie heute verstanden wird.

Über die Erziehung der Menschheit durch die Offenbarer haben wir ausführlich gesprochen. Sie ist die höchste Form, sozusagen das Urbild jeder Erziehung.

Sie ist zugleich ein Aufruf zu lebenslanger Selbsterziehung des Menschen, zum ständigen Bemühen, seinen Charakter zu veredeln, »das rohe Metall menschlichen Lebens in pures Gold zu verwandeln«. Oder, wie es Bahá'u'lláh in einem anderen Bild ausdrückt, den Spiegel seiner Seele von allem trübenden Staub (d.h. von Vorurteilen, Eigenliebe, Neid, Gier, Haß usw.) zu reinigen und so zu verfeinern, daß er zum Spiegel göttlicher Eigenschaften wie Loslösung, Liebe, Barmherzigkeit, Gerechtigkeit, Wahrhaftigkeit usw. werden kann. Dieses unablässige Streben nach Vergeistigung ist ein wesentliches Merkmal des Bahá'í-Lebens.

Und mit dem dritten Aspekt der Erziehung, der *Kindererziehung*, sind wir wieder bei unserem Ausgangspunkt angelangt!

Dieser Umweg war aber notwendig, damit klar wird, wie sehr sich das Bahá'í-Konzept der Kindererziehung von den heute üblichen Vorstellungen unterscheidet und wie weit es über bloße Vermittlung von Kenntnissen zur Sicherung der

Existenzgrundlage und zur Bewältigung des Lebenskampfes hinausgeht.

Ich möchte versuchen, einige wesentliche Merkmale der Bahá'í-Kindererziehung zusammenzufassen:

- Die Kinder erlangen im Alter von 15 Jahren die religiöse Reife, d.h. zu diesem Zeitpunkt entscheiden sie selbständig, welcher Religion sie angehören wollen. In der Zeit bis dahin sollen die Eltern ihre Kinder schrittweise, entsprechend ihren wachsenden Fähigkeiten, mit Liebe und Weisheit zu selbständigen Menschen erziehen.
- Die religiöse Erziehung ist die eigentliche Grundlage der Erziehung, da von ihr das geistige Glück des Menschen - und damit der Menschheit - abhängt. Dazu gehört die Gottesfurcht (keineswegs mit Angst zu verwechseln) - der sicherste Schutz vor menschenunwürdigem Verhalten.
- Kinder müssen Ihren Eltern gehorchen und ihre Autorität anerkennen, sonst werden sie später auch die Autorität Gottes nicht anerkennen.
- Das Verhältnis zwischen Eltern und Kindern soll von Liebe und gegenseitiger Achtung geprägt sein. Kinder dürfen weder physisch noch seelisch gedemütigt werden. Aber auch sie dürfen ihre Eltern nicht respektlos und rücksichtslos »behandeln«.
- Jeder Zwang ist untersagt. Auch in bezug auf die Entscheidung zum Glauben. Daher gibt es in der Bahá'í-Religion zum Beispiel auch keine Taufe. Jede menschliche Seele, sagt Bahá'u'lláh, soll aus freier Entscheidung den Weg zu Gott antreten.
- Das Vorbild der Eltern - ihr Glaube, ihre Liebe, Freundlichkeit, Höflichkeit, Loyalität, Redlichkeit, Gerechtigkeit usw. - ist für die Erziehung der Kinder von größter Bedeutung, besonders die Einhaltung der göttlichen Gebote, wie das tägliche Gebet, Vermeiden von Streit, strenge Enthaltung von übler Nachrede.
- Es ist wichtig, Kinder auch an Mühsal und die Überwindung von Schwierigkeiten zu gewöhnen, da sie durch Verwöhnung daran gehindert werden, Eigenschaften wie Mut, Selbst-

vertrauen, Geduld und Standhaftigkeit, die sie im Leben brauchen, zu entwickeln.

- Die Eltern beten mit ihren Kindern und für ihre Kinder.

- Wenn die Eltern nicht mehr auf dieser Welt sind, sollen die Kinder, auch erwachsene Kinder, ihrer im Gebet gedenken, wie auch die Eltern in der anderen Welt für sie beten.

Und noch einige praktische Aspekte:

- Die bestmögliche Erziehung und Ausbildung aller Kinder dieser Erde muß weltweit gesichert und obligatorisch sein.

- Sollte es den Eltern aus irgendwelchen Gründen nicht möglich sein, allen ihren Kindern die bestmögliche Ausbildung zu gewähren, so müssen, ganz im Gegensatz zur traditionellen Praxis, die Mädchen den Knaben vorgezogen werden, da sie die künftigen Erzieherinnen der kommenden Generation sind.

- Die Ausbildung soll vielseitig sein und die intellektuellen und geistigen Fähigkeiten ebenso fördern wie die praktischen, künstlerischen und sozialen: Literatur, Kunst, Wissenschaft, Technik, Gewerbe, Handwerk, Landwirtschaft usw.

- Bei der Wissensvermittlung muß darauf geachtet werden, daß es ein Wissen ist, das »den Völkern der Erde nützt, nicht eines, das mit Worten beginnt und mit Worten endet«.

- Jede Art von Arbeit, die mit Liebe und im Geiste des Dienens ausgeführt wird, ist von Bahá'u'lláh auf die Stufe der Gottesanbetung erhoben worden. Mit dieser Haltung müssen bereits die Kinder vertraut gemacht werden.

Kurz: Ziel der Kindererziehung ist ihr geistiges Glück und die Befähigung, »Diener der Menschheit« zu werden.

Im Zentrum dieses Erziehungskonzepts steht notwendigerweise der Glaube an Gott - wie er im Zentrum des gesamten Bahá'í-Konzepts steht. Immer wieder sind wir ja im Verlauf unseres Gesprächs auf diese Tatsache gestoßen. Die Fragen der Gerechtigkeit, der Einheit, der allgemeinen Normen, der Weltordnung oder eben der Erziehung lassen sich allein vom menschlichen Standpunkt aus nicht befriedigend beantworten.

Man könnte unsere heutige Welt geradezu als lebendigen Beweis für diese Sichtweise ansehen, ist sie doch von der

Nicht-Beachtung Gottes ebenso gekennzeichnet wie von der Unfähigkeit, die (selbstverschuldeten) unerträglichen Probleme zu lösen.

Die Menschheit kommt mir vor wie jemand, der verzweifelt versucht, aus einem brennenden Haus zu fliehen, sich aber weigert, den ihm geöffneten Ausgang zu benutzen.

Ausgangspunkt jeder Religion ist, daß Gott existiert, daß sein Wille sich in jenen phänomenalen Gestalten manifestiert, die wir Gottgesandte, Gottesoffenbarer, Propheten nennen, und daß der Mensch die Fähigkeit besitzt, an Gott zu glauben, sich ihm zuzuwenden und sich geistig zu entwickeln - und daß er auf Gott angewiesen und von ihm abhängig ist.

Das wird als eine erprobte, allgemein akzeptierte Darstellungsmethode des Beginns einer göttlichen Sendung auch von mir anerkannt. Aber ich möchte sagen, daß im Bahá'í-Glauben in dieser Hinsicht anscheinend weniger konkret vorgegangen wird. Verstehen Sie? Jesus Christus, der Prophet Muhammad und die anderen sind schon klassische, anerkannte Persönlichkeiten. Jesus Christus ist sogar ein Gottmensch - man kann sagen, fast Gott selbst, nicht wahr?

Ich verstehe, was Sie meinen. Es stimmt natürlich, daß Bahá'u'lláh in der heutigen theologischen Vorstellungswelt noch keinen festen Platz einnimmt. Aber in jedem Zeitalter war ja der neue Gottesbote zunächst schwer »einzuordnen«: Jesus Christus, heute weltweit bekannt und von einem bedeutenden Teil der Menschheit anerkannt, paßte keineswegs in das Weltbild der jüdischen Schriftgelehrten, des etablierten jüdischen Glaubens, ebensowenig wie Muhammad in das Weltbild der christlichen Theologie paßte. Und nicht einmal innerhalb einer Glaubensgemeinschaft bestand immer Einigkeit über das wahre Wesen ihres Stifters, über seine göttliche oder menschliche Natur, was sogar zu Spaltungen führte.

So konkret, so ausdrücklich wie Bahá'u'lláh nicht nur seine eigene Stufe erklärt hat, sondern ganz allgemein Wesen und

Stufe der Gottesoffenbarer, ist dies bisher in keiner Religion geschehen. Dadurch hat er den fruchtlosen und oft haarspalterischen Diskussionen über die Natur der Gottgesandten den Boden entzogen und ein neues Verständnis dieser wichtigen Frage ermöglicht. Ich will versuchen, die Hauptpunkte kurz zu formulieren:

- Die Gottesboten sind Manifestationen der göttlichen Wahrheit und des göttlichen Willens, Manifestationen göttlicher Eigenschaften und Attribute - nicht aber Verkörperungen von Gott selbst.
- Gott ist der Absolute, der Unfaßbare, erhaben über alles in der sichtbaren und der unsichtbaren Welt. Er offenbart sich durch die Propheten in einer Art, welche dem menschlichen Geist verständlich und zugänglich ist. »Alles, was Ich dir offenbarte, offenbarte Ich nach deiner Weise, nicht nach der Meinen«.
- Man kann die Offenbarer mit Spiegeln vergleichen, welche alle die gleiche Sonne der göttlichen Wirklichkeit widerspiegeln. Insofern kann man sagen: Wer die Offenbarer erkannt hat, hat Gott erkannt, wer ihnen gehorcht, gehorcht Gott, wer ihrem Wort lauscht, hört die Stimme Gottes - obwohl Sonne und Spiegel keineswegs identisch sind.
- Was die Offenbarer den Menschen verkünden, ist nicht das Resultat ihrer eigenen Erkenntnis oder Erfahrung, sondern unmittelbarer göttlicher Eingebung. Die Offenbarer sind von menschlicher Gelehrsamkeit unabhängig und frei von menschlichem Irrtum. Wie könnten wir uns sonst ihrer Führung anvertrauen?
- Sie sind die *Quellen* göttlicher Wahrheit, während die Menschen dieses Wasser des Lebens suchen, erkennen und davon trinken müssen, um geistiges Leben zu empfangen.

Aber Bahá'u'lláh, der Prophet, war sicher ein hochgebildeter Mann? Er hat offensichtlich die Erfahrungen von allem, was vor seiner Zeit war, berücksichtigt: die Erfahrungen des Christentums, die Erfahrungen des Islams, die Erfahrungen des

Buddhismus. Möglicherweise hat er aus alledem etwas für den Menschen Nahes herausgeholt...

Bahá'u'lláh hat ebensowenig wie die anderen Propheten menschliche Wissenschaften studiert. »Ich habe eure Schulen nicht betreten«, bekräftigt er ausdrücklich.

Denken Sie auch an die Geschichte vom zwölfjährigen Jesus im Tempel, der den erstaunten Schriftgelehrten die Schrift auslegte - auch dies ein Hinweis auf die Unabhängigkeit der Propheten von menschlichem Wissen.

Aus demselben Grund kann man auch nicht sagen, daß die Lehren Bahá'u'lláhs von früheren Offenbarungen oder Philosophien beeinflußt seien - obwohl er das Wissen von ihnen durch göttliche Eingebung besaß.

Was nun vielleicht wie eine Synthese aus früheren Lehren erscheint, sind die ewigen Wahrheiten, welche den Kern jeder Religion bilden - Licht vom gleichen göttlichen Licht, welches aus dem Spiegel jeder Gottesoffenbarung strahlt. Und was uns an Bahá'u'lláhs Lehren modern vorkommt, ist nicht auf den Einfluß des Zeitgeistes zurückzuführen - es ist gerade umgekehrt: Die göttliche Offenbarung ist der Impuls, der auf der ganzen Erde Wissenschaften, Künste und gesellschaftliche Entwicklungen befruchtet und umgestaltet sowie neues Denken, Erkennen und Fühlen in die Menschenherzen strömen läßt.

Ja, das ist alles sehr rätselhaft, geheimnisvoll.

Sie haben recht. Bahá'u'lláh nennt die Gottesboten kostbare, geheimnisvolle, himmlische Wesen, Aufgangsorte des göttlichen Lichts, das der Menschheit Führung und Erlösung schenkt - und dem sich zuzuwenden die Bestimmung der menschlichen Seele und ihr höchstes Glück ist.

Die Propheten sind mit solchen fast übernatürlichen Eigenschaften ausgestattet... Warum müssen wir Menschen, wenn wir irgendeine Erscheinung begreifen wollen, lange lernen, uns schrittweise dem Problem nähern, um nachher vielleicht eine Erleuchtung über irgendeine Mutmaßung zu empfangen? Bei den Propheten ist aber alles fertig.

Wir können über dieses Warum ja nur Vermutungen anstellen. Ich glaube, es muß damit zusammenhängen, daß der Sinn des menschlichen Lebens in seiner geistigen *Entwicklung* liegt. Dazu gehört aber der Weg des Suchens, des Sichbemühens, der eigene, bewußte Fortschritt, wodurch die Persönlichkeit des Menschen reift und sich entfaltet. Der Prophet aber ist der *Gestalter* eines Zeitalters. Er wäre ein wackeliges Fundament für einen solchen Auftrag, wenn der Offenbarer für sein Erlösungswerk auf das angewiesen wäre, was er in den Büchern und Schulen der Menschen, die zu erlösen er gesandt wurde, an Wissen vorfindet! Vielmehr ist er es, der den Menschen wahres Wissen bringt, eine Erkenntnis, welche sie selbst weder durch Wissenschaft noch durch Philosophie erlangen könnten: die Erkenntnis Gottes. Sie ist, in den Worten Bahá'u'lláhs, »die *Quelle alles Wissens*« und zugleich das eigentliche und höchste Ziel jeglicher Erkenntnis. Sie ist »die Absicht Gottes bei der Erschaffung des Menschen«.

Vielleicht sollten wir überhaupt lieber von Gottnähe sprechen als von Gotterkenntnis, denn Gott der *Schöpfer* kann ja niemals in gleicher Weise Gegenstand menschlicher Erkenntnis sein, wie etwa die Phänomene der *Schöpfung*.

Kann das Geschöpf den Schöpfer, das Begrenzte das Umfassende, das Bedingte das Absolute erfassen?

Während der Intellekt das geeignete Instrument für wissenschaftliche Erkenntnis ist, erfordert religiöse Erkenntnis weitere Fähigkeiten des Menschen - die Kräfte des Herzens und der Seele, die Fähigkeit des Glaubens -, die ihm zu diesem Zweck geschenkt worden sind.

»Weder Meine Erde noch Mein Himmel vermag Mich zu fassen, aber im Herzen Meiner getreuen Diener ist Meine Wohnung.«

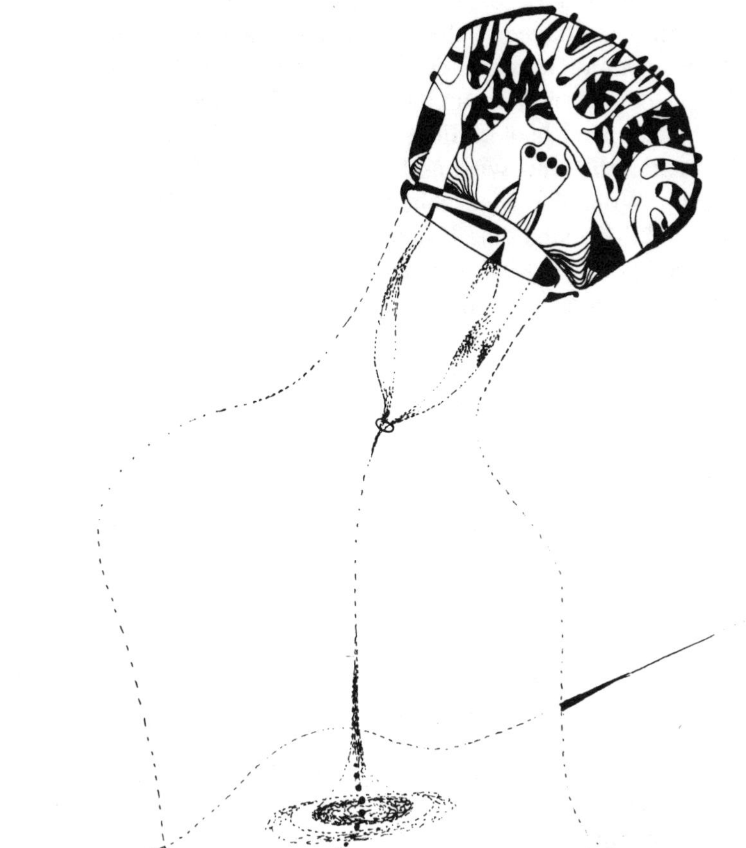

Intellekt, Wissen und Erkenntnis sind die Voraussetzungen für *materiellen und wissenschaftlichen Fortschritt* - der zum Guten wie zum Bösen taugt. Gotterkenntnis, beziehungsweise Gottnähe, ist dagegen die Voraussetzung für *geistigen Fortschritt*. Denn Gottnähe erweckt Liebe, veredelt das innerste Wesen des Menschen und bildet die Grundlage für ethisches Verhalten. Und hier schließt sich, glaube ich, der Kreis. Denn der materielle und wissenschaftliche Fortschritt bedarf, damit er zum Wohl der Menschheit dient, ethischer Verhaltensweisen, und diese sind eine Frucht des Gottesglaubens.

Zwei »Flügel« sind für den Aufstieg des Menschen nötig: Mit dem Flügel des Glaubens allein würde er im Sumpf des Aberglaubens versinken, während er allein mit dem Flügel des Intellekts in den Morast des Materialismus abstürzen würde. Die Folgen des einen erlebte die Menschheit in früheren Jahrhunderten, die des anderen erlebt sie in den katastrophalen Entwicklungen der heutigen Zeit. So illustriert Bahá'u'lláh das Prinzip der Einheit von Religion und Wissenschaft. Es hat weitreichende Auswirkungen für das menschliche Leben: Unheil und Zerstörung, wenn es mißachtet, segensreiche Entfaltung, wenn es befolgt wird. So war und ist es mit jedem göttlich geoffenbarten Prinzip - denn diese Prinzipien sind Ausdruck geistiger *Wirklichkeiten*.

Das Symbol des Vogels für das Wesen des Menschen findet sich in der Bahá'í-Schriften immer wieder: Der Vogel sucht zwar seine Nahrung auf der Erde, aber sein wahres Glück liegt darin, daß er sich himmelwärts aufschwingt. Ebenso liegt das wahre Glück des Menschen nicht allein in der Befriedigung seiner irdischen Bedürfnisse, sondern darin, daß er als einziges Geschöpf befähigt ist, sich in die Welt des Geistes zu erheben, sich Gott zuzuwenden und seine Nähe zu suchen.

»Zerbrich den Käfig und gleich dem Phönix der Liebe schwinge dich auf in den Himmel der Heiligkeit.«

Ich bin mit alledem einverstanden. Und wahrscheinlich ist das das Geheimnis der Geheimnisse. Man kann kaum die nöti-

gen Begriffe finden. Es ist schwierig zu beweisen, daß es so ist, und ebenso, daß es nicht so ist...

Nun, Sie sind überzeugter Bahá'í, und das sagt mir viel. Das heißt, es ist einer der Zweige menschlichen Weltverständnisses. Und ich schätze das bei Ihnen und bin damit völlig einverstanden.

In einem meiner Bücher habe ich geschrieben, daß Gott ohne den Menschen nicht existieren kann. Er braucht uns, wenn er anerkannt werden will, in gleicher Weise wie wir ihn brauchen.

Einen Schöpfer ohne Schöpfung können wir uns allerdings schwer vorstellen. Das bedeutet aber nicht, daß Gott vom Menschen *abhängig* ist. Abhängigkeit ist eine Eigenschaft des Unvollkommenen: Er fehlt etwas. Gott aber ist die absolute Vollkommenheit und daher auf nichts und niemanden angewiesen.

Er ist die Quelle, der Ursprung des Seins. Der Mensch ist hingegen von unzähligen Dingen abhängig, vor allem aber von Gott. Von ihm ist er in seiner ganzen Existenz abhängig.

Das ist absolut richtig, der Mensch ist abhängig. Seine Geburt, sein Tod - damit fängt es schon an. Aber im Verlauf des Lebens, wenn er später sein Wissen und seine Erfahrungen von einer Generation zur anderen weitergibt, vergrößert sich, scheint mir, und wächst die Erkenntnis als solche.

Aber je mehr er erkennt, desto mehr bleibt unerkannt. Weil die Welt unendlich ist. Kaum hat er ein Rätsel enträtselt, hat er sich auch schon dazu verurteilt, mehr zu erfahren. Das ist eine endlose Sache...

Es gibt einen inneren, tieferen Sinn. Deswegen ist es das Schicksal des Menschen, die ganze Zeit auf dem Weg der Erkenntnis zu bleiben. Eine Erkenntnis folgt der anderen, und vielleicht ist es genau das, was Annäherung an Gott ist...

Ja. Annäherung bedeutet Bewegung und ist daher notwendigerweise relativ. Und die Annäherung an das Unerreichbare - an Gott - ist zudem endlos. Dennoch soll dies keineswegs eine

Ja. Annäherung bedeutet Bewegung und ist daher notwendigerweise relativ. Und die Annäherung an das Unerreichbare - an Gott - ist zudem endlos. Dennoch soll dies keineswegs eine entmutigende Vorstellung sein - weil nämlich hierdurch auch die menschliche Entwicklungsmöglichkeit unbegrenzt ist: Jeder Schritt zu Gott hin schenkt tiefere Einsicht, neue Fähigkeiten, umfassendere Schau, größere Freude und vollkommeneres Glück. Das ist die Auszeichnung des Menschen. In diesem Sinn ist er die »Krone der Schöpfung«.

Und auch gesamthaft gesehen: Jeder Religionszyklus führt die Menschheit zu neuen Entwicklungsstufen. Der Horizont erweitert sich, neue Perspektiven tun sich auf.

Aber die Gottesboten lehren den Menschen auch, welche Haltung gegenüber Gott angemessen ist: Ehrfurcht, Demut, Liebe, Dankbarkeit, Staunen und - Gehorsam. All dies findet seinen Ausdruck im Gebet, in welchem die Allmacht, die Güte und die Barmherzigkeit Gottes gepriesen und verherrlicht, die eigene Unvollkommenheit und Abhängigkeit bezeugt und Führung und Beistand erfleht werden. Und zwar jeden Tag. Dies gehört zu den Geboten Bahá'u'lláhs.

Sichtbarer Ausdruck dieser Anbetung sind die Bahá'í-Tempel, die Bahá'í-Häuser der Andacht, über die ich gern noch kurz reden möchte. Das wäre vielleicht ein schöner Abschluß unseres so schönen Gesprächs.

An der besonderen Art dieser Andachtsstätten wird vieles nochmals deutlich, was wir im Verlauf unseres Gesprächs berührt haben.

Bahá'í-Tempel sind Symbole der Einheit - in vielerlei Hinsicht. In den herkömmlichen Gotteshäusern fühlt sich ein Andersgläubiger - soweit er überhaupt zugelassen wird - oft fremd, weil die jeweiligen Andachtsformen, Riten und Zeremonien und der sakrale Schmuck sehr unterschiedlich und damit für Außenstehende oft schwer zugänglich sind.

In Bahá'í-Tempeln ist jeder willkommen, der sich im Gebet dem Schöpfer aller Menschen zuwenden will. Dies zeigt schon die äußere Form des Gebäudes: Es ist ein neunseitiger zentraler

Kuppelbau, der viel Lichteinfall von oben zuläßt und dessen Form den Zugang aus jeder Richtung erlaubt. Entsprechend laufen auch neun Wege auf den Tempel zu. »Viele Wege - ein Ziel«.

Genau dieser Punkt interessiert mich außerordentlich. Das ist, wahrscheinlich, wunderbar.

Gehen wir in Gedanken in den Tempel hinein. Im ruhig und harmonisch gestalteten Innenraum lenken keine Bilder oder Kultgegenstände das Auge ab. Auch gibt es weder Altar noch Kanzel und keinen vorgeschriebenen Andachtsritus. Und kein Priester steigt auf ein Podest, um die Schrift auszulegen oder den Menschen zu sagen, was sie zu glauben haben und was nicht. Zu hören ist einzig das Wort Gottes, vorgelesen oder gesungen, oft in verschiedenen Sprachen, aus dem Alten und Neuen Testament, aus der Bhagavadgita, aus dem Avesta, aus dem Koran, und natürlich Texte und Gebete aus den Heiligen Schriften des Bahá'í-Glaubens.

Wenn sich also Menschen verschiedener Glaubensrichtungen in einem Bahá'í-Tempel versammeln, so hören sie Texte aus ihrem »eigenen« Heiligen Buch und aus anderen Heiligen Büchern - und siehe da: Da ist nichts Fremdes oder Trennendes. Sie erfahren die Einheit der Religionen, empfinden sie wie einen harmonischen Akkord. »Gesegnet ist der Ort..., wo Gottes Name erwähnt und Sein Lob gepriesen wurde.«

Die Bahá'í-Tempel werden auch als »stumme Lehrer« der Einheit bezeichnet. Der jüngste Bahá'í-Tempel z.B., der auf dem indischen Subkontinent in der Form einer Lotusblüte errichtet wurde, zieht bereits Millionen von Besuchern aus aller Welt an, inzwischen mehr als jedes andere Bauwerk des Planeten. Viele von ihnen bezeugen in bewegenden Worten, wie tief sie dieses Erlebnis berührt hat.

Ein Mensch hört also Botschaften aus dem Koran, aus der Bibel und den anderen Heiligen Büchern, und sie sind alle im Einklang mit seiner Seele.

Das muß aber wahrscheinlich ein bestimmtes Konzept dahinter sein. Man kann ja nicht einfach mechanisch ein Zitat, dann ein zweites und ein drittes nehmen. Irgendein gemeinsames Thema muß da sein: Heute hören wir über Gott, morgen über den Menschen, dann über die Moral, über Sittlichkeit, nachher über die Pflicht, dann über die Familie und so weiter. Meiner Seele ist das sehr nahe.

Natürlich gibt es auch spezielle Andachten zu bestimmten Anlässen oder Feiertagen.

Ich bekomme oft Briefe von meinen Lesern, und bei Begegnungen wenden sie sich oft an mich mit Fragen wie »Glauben Sie an Gott?«, »An welche Religion halten Sie sich?« und so weiter. Ich ziehe es vor, so zu antworten, wie ich auch in Wirklichkeit denke. Ich bin, zum Beispiel, bereit, alle Religionen in mich aufzunehmen - in dem Maß, wie sie mir zugänglich sind und mir einleuchten. Dort aber, wo eine Religion Haß, Trennung und so weiter lehrt - das lockt mich nicht sonderlich. Deswegen interessiert mich die Bahá'í-Auffassung in diesem Sinn sehr.

Ich glaube, daß bei den Bahá'í vielleicht ein erster Schritt getan wurde, eine erste Andeutung, auf welche Weise der Mensch, ohne Gewissensqual, auf die Stimme verschiedener Religionen lauschen könnte und in dem Maß darauf antworten, wie es seine Seele vermag.

Wenn das wirklich eine Synthese aller Religionen ist, dann würde mein Traum, daß aus vielen Religionen eine werde, seiner Verwirklichung näherkommen.

Neben der Einheit der Religionen symbolisieren die Bahá'í-Tempel auch die Synthese zwischen geistigem und »praktischem« Leben. Denn nach dem Gebot Bahá'u'lláhs sollen um jeden Bahá'í-Tempel Einrichtungen entstehen, die der menschlichen Gesellschaft nützen, zum Beispiel ein Spital, ein Altersheim, eine Herberge für Reisende, eine Schule für Waisenkinder, eine Universität usw. Diese »Hilfseinrichtungen«, wie auch die wachsende Zahl der Tempel selbst, werden in dem Maße verwirklicht, in dem das Wachstum der Bahá'í-Gemeinden und ihre finanziellen Möglichkeiten dies zulassen. In einer ersten Entwicklungsphase wurde in den letzten 80 Jahren auf jedem Erdteil ein Bahá'í-Tempel errichtet.

Sie alle sind nach der gleichen Grundidee angelegt (neunseitiger Kuppelbau etc.), unterscheiden sich aber in ihrer architektonischen Gestaltung auf reizvolle Weise voneinander: Jeder Tempel spiegelt die Besonderheit der Kultur des Ortes oder des Kulturkreises wider, in der er errichtet wurde.

Der allererste Bahá'í-Tempel wurde übrigens in Aschchabad gebaut, wo es vor über hundert Jahren eine blühende Gemeinde gab, welche außer dem Tempel selbst bereits zahlreiche der sozialen Einrichtungen verwirklicht hatte. Der Tempel wurde später, zur Zeit des Sowjetstaates, durch ein Erdbeben so schwer beschädigt, daß er abgerissen werden mußte.

Vielleicht zeigt das Beispiel der Bahá'í-Tempel und ihrer sozialen Einrichtungen, wie alles im Bahá'í-Glauben auf Entwicklung angelegt ist, in Ausrichtung auf eine ganz klare Zukunftsvision. Es ist keine zufällige Entwicklung, sondern eine planmäßige, gezielte, geistig geleitete. Und das Ziel dieser Entwicklung ist die Errichtung einer *Weltzivilisation*.

Diese Vision und Verheißung Bahá'u'lláhs reicht noch weit hinaus über die Errichtung des Weltfriedens und die Vereinigung der Religionen und der Menschheit, die jedoch die Voraussetzung, die Grundlage bilden für die Entwicklung dieser Weltzivilisation.

Die erschütternden Umwälzungen und Zerfallserscheinungen, die Eskalation von Gewalt und Zerstörung künden nicht, wie man meinen könnte, den Weltuntergang an, sondern sie sind Zeichen der neuen geistigen Frühlingszeit mit ihren reinigenden Stürmen und ihrem aufkeimenden neuen Leben.

Ein großer Tag ist mit dem Kommen Bahá'u'lláhs angebrochen, »der König der Tage«, wie er es sagt, »der Tag, auf den die Sehnsucht aller Propheten seit Ewigkeit gerichtet war«. Dies ist die Erfüllung aller früheren Gottesoffenbarungen, »das Kommen göttlicher Gerechtigkeit«.

Zum Schluß möchte ich Ihnen von ganzem Herzen für dieses Gespräch danken, für Ihre Geduld und vor allem für Ihre so kostbare Freundschaft.

Sie haben mich durch Ihre Fragen und Überlegungen und durch Ihre offene und aufs Wesentliche gehende Art tief aufgewühlt, so daß ich in meinem Verständnis der Bahá'í-Religion neue Zusammenhänge entdecken konnte und das ganze Bahá'í-Konzept jetzt in einer tieferen Dimension sehe.

Wir meinen wohl beide die Parameter der menschlichen Dimension: Die Tragödie der von uns bewohnten Erde, der Sinn des universalen Seins können nur über die Persönlichkeit eines jeden von uns begriffen werden. Der Mensch ist das Zentrum des Universums. Und das ist auch die göttliche Idee, die dem Menschen innewohnt.

Wissen Sie, Ihre Persönlichkeit, Ihre ganze Art zu fühlen und zu denken hat mich schon bei der Lektüre Ihrer Bücher tief beeindruckt. Viele schildern in ihren Werken das Elend dieser Welt, das Leiden der Menschen unter Ungerechtigkeit, Unterdrückung und Armut. Sie aber, lieber Tschingis Torekulowitsch, lenken zugleich den Blick und die Hoffnung auf das Unzerstörbare, das Geistige im Menschen, das ihn mit Gott verbindet.

Möge Ihnen der Gütige die Kraft schenken, sich noch lange so, aus ganzer Seele, für Gerechtigkeit, Frieden und Vereinigung der Religionen und Völker einzusetzen und immer mehr Menschen durch Mut und Hoffnung aufzurichten.

Was vermag das Wort auszurichten?

Ein Essay für meinen Freund Feizollah

Es ist schwierig, nicht in Verzweiflung zu geraten, wenn man weiß, daß in jeder beliebigen Minute irgendwo auf unserem Planeten Schüsse zu hören sind, Raketen explodieren, Blut fließt und Menschenherzen zu schlagen aufhören, während sie im Feuer verbrennen.

Umso alarmierender und schmerzhafter appelliert ihre Asche an unsere noch lebendigen Herzen. Wozu ruft sie auf - zur Rache? O nein! Zu Mitgefühl. Rache zieht Rache nach sich. Der Weg zum Mitgefühl, das ist der Weg vom Tier zu Gott. Und zur Freiheit - auch. Ja, zu ihr. Zu ihr vor allem. Weil Freiheit die Befreiung aus der Gefangenschaft falscher Vorstellungen über das Leben ist, die Fähigkeit, echte Werte von falschen zu unterscheiden. Es sind diese falschen Werte, die den Menschen als Mittel zur Erzeugung von Feindschaft und Zwietracht aufgezwungen werden durch jene, die auf gemeine und niederträchtige Weise die Leichtgläubigkeit des Menschen für ihre selbstsüchtigen Interessen ausnutzen im Kampf um die Herrschaft über das Leben, das nicht durch Menschenhand erschaffen wurde, und über ihn selbst - den zum Töten verführten Menschen, der unwillkürlich zur Geisel im grausamen Spiel der

Politiker wird, unter welchem Banner sie auch auftreten mögen.

Es ist klar, daß Kriege nicht erst heute erfunden wurden. Die ganze überschaubare Geschichte ist eine endlose Kette von Schlachten, Eroberungskriegen und Gewalt im Namen - Gottes! Im Namen von was allem wurden nicht Feldzüge in Gang gesetzt, haben nicht Schlachten getobt, Berge von Leichen auftürmend, wurden nicht wunderbare Städte und Tempel der »Ungläubigen« vernichtet? So war es früher, so ist es jetzt. Was soll man sich, scheint es, entrüsten? So ist eben - leider, leider! - die Menschennatur, werden die Fatalisten sagen, der urtümliche Durst nach Blut, und es wäre naiv zu widersprechen; es ist besser, eine solche Sachlage als gegeben zu akzeptieren.

Von wo kommt denn diese Haltung? Was oder wer rebelliert in uns denkenden Menschen des 20. Jahrhunderts, die wir den Mord um irgendeiner »Sache« willen nicht als das schwerste Verbrechen gegen die Menschheit verstehen? Doch auch etwas anderes ist unsere Natur, vergeistigt durch die heilige, von oben herabgesandte Wahrheit - aber auch entdeckt durch unsere eigenen Anstrengungen nach vielen Prüfungen und Leiden -, deren vortreffliche Frucht Liebe ist, da sie, und nur sie, im Menschen die Liebe für das Leben, das wunderbare, mit nichts vergleichbare Gefühl alles überflutender Freude erweckt, sich bewußt als Mensch wahrzunehmen - die Welt im eigenen Herzen und sich selbst in der Welt.

Ein unerreichbares Ideal? Wer weiß. Die Menschheit hatte noch nie dieses größte Ziel vor sich - vielleicht das einzige, welches das Erscheinen des Menschen auf dieser Erde rechtfertigt.

Ich will über Frieden reden. Die Worte, die ich sagen werden, gehören nicht mir, sondern einem Apostel. Aber gerade deswegen hoffe ich, daß sie vielleicht Gehör finden werden: »Friede ist nicht einfach ein Zustand ohne Krieg. Friede ist eine Gabe Gottes«. Unsere, der Menschen, Berufung ist es hingegen, die Erde zu schmücken. Und wenn wir es wollen, wenn wir keine Angst haben, man könnte uns Anmaßung vorwerfen, müssen wir es sozusagen »barfuß« tun, da unser ganzer technischer Fortschritt, so tief wir uns vor ihm auch verbeugen mögen, dem Menschen kein Glück und keine Liebe bringen wird - »solange er sich in den Händen von Kräften befindet, welche der Liebe, der Menschlichkeit und des Glaubens beraubt sind«.

Ich bin überzeugt, daß diese Idee, die den Menschen für das Gute und für edle Taten begeistert, als Basis der künftigen Vereinigung der Menschheit Völker und Staaten zusammenbringt, Hoffnung und den Glauben an Gerechtigkeit schenkt, an die Bruderschaft aller Menschen der Erde, da alle Menschen in Gott eins und vor Ihm und vor dem Weltall gleich sind.

Und sagen wir noch etwas allgemein bekanntes: »Gott ist einer, die Propheten sind verschieden.« Warum erinnern sich viele nicht mehr daran und richten sich deswegen nicht nach einer so einfachen und ungewöhnlich weisen Belehrung, die im Koran enthalten ist: »Befolge deinen Glauben und lasse ihn nicht zur Quelle von Uneinigkeit werden.« Dasselbe besagen auch alle anderen heiligen Bücher.

Woher kommen denn Fanatismus, Intoleranz, Unnachgiebigkeit - die tragischen Zeichen unserer Zeit? Ist denn, so fragt Scheich Achmed Kaftara, die Zeit nicht gekommen, da alle, die an den einen Gott glauben, auf die Stimme der Propheten und Apostel lauschen sollten, die sich aufopferten für das Königreich der Liebe, des Mitleids und des Friedens? Eine Frage, die eine kompromißlose Antwort fordert. Eine Frage, die uns zur Idee der Erhaltung und Festigung des allgemeinen Friedens hinführen sollte, welche uns als Erinnerung an das Paradies gegeben wurde und die wir verpflichtet sind, an die zukünftigen Generationen weiterzugeben - gereinigt von Schlechtigkeit, Schmähung und Verfall, denen wir die Welt preisgeben, ohne uns um die Schönheit des Paradieses zu kümmern und ebensowenig um unsere eigene geistige Selbstvervollkommnung, und uns Bosheit und Neid erlauben und unser Gewissen mit der Sünde der Habsucht belasten. All dies wird sich ja als Alpdruck auf das Schicksal unserer Nachkommen übertragen und auch unser eigenes Schicksal nicht glücklicher machen.

Was vermag das Wort gegen Kanonen auszurichten? Alles! Was für ein Wort - das ist eine andere Frage. Ich bin überzeugt, daß Sie sich vor allem gerade diese Frage stellten. Sonst hätte es sich nicht gelohnt, die große Sache zu unternehmen, welche Sie beginnen.

Wie grausam und ungerecht die heutige Welt auch sein mag, ich glaube an den Erfolg Ihrer Sache, da sie wahrlich human ist und, so denke ich, das Wesen der allgemein menschlichen Idee verkörpert, die im folgenden Aufruf des Korans enthalten ist: »Ihr werdet alle wie ein Mann zum Glauben an Gott gelangen, und möge euch nichts voneinander trennen!«

Wir müssen uns alle klar darüber Rechenschaft geben, wie schwierig und dornenvoll der Weg der Liebe und des Mitleids ist. Aber er ist der einzige Weg, der des Menschen würdig ist, wenn dieser seine höchste Mission versteht - das lichte Gebäude des Friedens zu errichten nach den Gesetzen der Freundschaft und der Barmherzigkeit. Darin sehe ich eine klare Bekundung des Willens zum Leben, zur allumfassenden Vereinigung der Menschen - eine Überzeugung, die Sie mit dem Ihnen eigenen Talent und mit Ihrer Liebe zum Ausdruck bringen.

Wladimir Korkin

Von der Leidenschaft des Lebens und der Kunst des Lesens

Annäherung an Aitmatows Werk

»Der Tag, an dem ich mich nicht mehr aufrege und quäle, mich beruhige, nicht mehr suche, wird der schwerste Tag in meinem Leben sein.« (Tschingis Aitmatow)

Man könnte sich natürlich auf den siebzigjährigen weisen Goethe berufen, der eingestanden hat, daß er sein Leben lang lesen gelernt hat. Wie sollte es dann für uns anstößig sein, über uns als Lesenlernende nachzudenken?

Das Lesenlernen ist mit der Frage Tolstois eng verbunden - wenn man an sie denkt, ist man einer abgrundtiefen Verzweiflung nahe: Warum haben die meisten plötzlich die Fähigkeit verloren, das Hohe in unserer Kunst zu verstehen? Ich fürchte, daß viele, die sich der wahren Ursachen dafür nicht bewußt sind, schnell zugeben, nicht vorbereitet zu sein auf diese vielleicht großartigen Werke der Weltliteratur. Das jedenfalls bemühen sich die raffinierten Kritiker uns einzureden. Wem soll man schon glauben, wenn nicht ihnen? Dann sollen sie doch alles erklären anstatt der Schriftsteller, über die sie schreiben. Aber da stellt sich heraus, daß sie es nicht können. Es fehlt ihnen an Wissen.

Sollte man nicht lieber erneut auf Tolstoi zurückgreifen, übrigens Tschingis Aitmatows Lieblingsschriftsteller:

»Die Aufgabe der Kunst besteht darin, das verständlich und zugänglich zu machen, was in Form von Betrachtungen unverständlich und unzugänglich wäre. Meistens erscheint es demjenigen, der einen wahren künstlerischen Eindruck erhält, daß er das alles schon früher wußte, aber nicht ausdrücken konnte.

So war es denn auch immer mit der guten, hohen Kunst: die Ilias und Odyssee, die Geschichte Jakobs, Isaaks und Josephs, der hebräischen Propheten, die evangelischen Gleichnisse, die Geschichte Sakia-Munis und die Veden - sie alle vermitteln lautere Gefühle und sind uns heute dennoch verständlich, den Gebildeten und Ungebildeten...

Man spricht von der Unverständlichkeit. Wenn aber die Kunst eine Wiedergabe der Gefühle sein soll, die aus dem religiösen Bewußtsein der Menschen entstehen, wie kann ein Gefühl unverständlich sein, das auf der Religion beruht, d.h. auf dem Verhältnis des Menschen zu Gott? Diese Kunst muß und war auch in der Tat immer allen verständlich, denn das Verhältnis jedes Menschen zu Gott ist dasselbe. Deshalb waren Kirchen, die Skulpturen, Bilder und der Gesang in ihnen stets allen verständlich. Ein Hindernis für das Verständnis der hohen, der besten Gefühle stellt, wie es auch im Evangelium heißt, nicht der Mangel an Entwicklung und Kenntnissen dar, sondern im Gegenteil eine falsche Entwicklung und falsche Kenntnisse. Ein gutes und hohes Kunstwerk kann wirklich unverständlich sein, aber nicht für die einfachen unverdorbenen arbeitenden Menschen aus dem Volk - sie verstehen das Höchste -, sondern ein wahres Kunstwerk kann häufig intellektuellen, aber perversen, nicht religiösen Menschen unverständlich sein, wie das auch ständig in unserer Gesellschaft geschieht, wo die lautersten religiösen Gefühle den Menschen unverständlich sind.

Ich kenne Menschen, die sich für sehr elitär halten und sagen, daß sie weder die Poesie der Nächstenliebe und der Selbstaufopferung noch die der Reinheit der Motive verstehen. Nur so kann es kommen, daß die gute, große, weltumfassende religiöse Kunst nur einem kleinen Kreis von verderbten Menschen unverständlich sein kann, aber nicht umgekehrt.«

Wenn man ein Werk liest und dabei von diesem Tolstoi'schen Standpunkt ausgeht, werden viel Schlacke und Müll aus der Seele entfernt. Man verspürt ein hinreißendes Freiheitsgefühl. Lesenlernen heißt auf neue Art leben zu lernen, bedeutet echte geistige Werke trotz der subtilen Lügen zu verstehen, die uns elitäre Leute aufdrängen wollen und durch die wir unsere erhabensten, besten Gefühle verraten würden um hysterischer Anpassung willen an das, was angeblich den heutigen Menschen in der modernen Kunst widerspiegelt.

Die wahre Kunst ist immer modern. Sie unterliegt weder dem Diktat der gegenwärtigen Ideologie noch der Mode, derzufolge einfach anerkannt werden müsse, daß das Leben laut Kafka absurd oder laut Sartre eine unnütze Leidenschaft sei.

»Die Welt der Kunst ist die Kultur. Aber nur unter einer Bedingung. Solange in dieser Welt Kunst und Religion einander verwandt sind oder in Eintracht leben oder aneinander erinnern. Die Religion verstummt ohne Kunst, die Kunst wird ohne Religion ästhetisierend und leer.« (W. Weidle)

Ist Tschingis Aitmatow gläubig? Warum ist mir diese Frage wichtig, wichtiger als jede andere? Weil über viele Jahre die Demagogie, Banalität und Heuchelei unserer russischen Literatur die Rolle »großer Ideen« vergiftet hat, weil ihr wohltuender Einfluß aufs Leben tief enttäuscht war, weil man sich fast dem sekptischen Gedanken anschließen mußte, daß sich die Literatur »erschöpft hat« und »nicht mehr gebraucht wird«, das Wort gestorben sei. Dieses Urteil ist verständlich, denn wohin man schaut und was man liest, es geht nicht um die Geburt der Welt, sondern immer und immer wieder um Weltuntergang.

Wer zwingt mich aber, ausgerechnet diesen Stimmen zu glauben? Lauschen wir aufmerksam - es gibt noch die anderen, nicht so hysterischen. Sie verbreiten nicht Panik, sondern Hoffnung und das Licht eines ebenso neuen wie alten Glaubens.

Was aber ist Glauben? Etwa jener an einen Gott, der »ein Wunder« vollbringt, wie Novalis mit deutlicher Polemik fragt? Wogegen polemisierte der deutsche romantische Dichter? Gegen die apokalyptische Weltanschauung. Doch das Wunder, das seither eintrat, beseitigte nicht die Apokalypse, sondern erwies sich als ihr Wegbereiter. Wir als Zeugen einer nie dagewesenen Zivilisation wünschen uns zuweilen zurück zu Novalis: Wie herrlich es wäre, Ende des 18. Jahrhunderts geboren zu sein. Was lockt uns in die Vergangenheit, was treibt uns in die Sehnsucht zum Verzicht auf die Vorteile des technischen Fortschritts, die wir inzwischen nahezu hassen? Eine qualvolle Paradoxie! Wollte sich die Menschheit, als sie den technischen Fortschritt nutzte, nicht das Leben erleichtern? Wurden nicht deshalb zahlreiche Revolutionen ausgelöst? Prischwin, der letzte russische Weise, schreibt in seinem erst kürzlich veröffentlichten Tagebuch: »Die Revolution ist die Rache für einen Traum.«

Doch was weiß ich damit? Einzig und allein, daß dieses Entsetzen von dem grundsätzlich neuen Blick auf die Natur und die treibenden Kräfte der Weltgeschichte kommt. Auf den sogenannten Fortschritt, wie wir ihn kennen. Wir erinnern uns langsam wieder der Worte Andrei Wosnessenskis: »Alle Fortschritte sind reaktionär, wenn dabei der Mensch zerstört wird.« Die Warnung ist hart. Ihre Wahrheit härter, als wir dachten.

Aber unsere Frage sollte uns weiterführen, zum »Wohin?« des »Weiter«, zu Aitmatows Frage: »Kann sich die Menschheit weiterentwickeln?«

Unser Verstand ist teuflisch raffiniert. »Die Wollust des Wissens« ist dermaßen verführerisch, daß man kaum so »komische Käuze« wie Pascal findet, der seine Wissenschaft aufgab, als er begriff, für welche ungeheuren Missetaten seine Entdeckungen verwendet werden können. Ich kann mir heute kaum einen Propheten vorstellen, eine Art Savonarola, der entschieden dazu aufruft, alle Forschungen einzustellen, die der Menschheit schaden könnten. Doch wer weiß letztlich, was schadet und was hilft? Die Logik ist hier hilflos. Werden wir der Intuition Einzelner glauben?

Sorge und Angst ergreifen uns, wenn wir sehen, welche Folgen der pathologische Drang nach dem Primat der Technologie auf staatlicher Ebene zeitigt. Im wahnsinnigen Hasten entlang der eigenen Omnipotenzphantasie läßt sich »der moderne Staat« gerne von der Technik determinieren. Wohin dieser Weg führt, ist völlig klar - zum allgemeinen Niedergang, zum »Weltuntergang«. Denn der Vorrang der Technik und ihre Liaison mit der Macht - so »human« und »gerecht« sie sich auch verkaufen will - macht hochmütig, nicht aber wirklich glücklich.

Ich bin überzeugt, der Künstler Aitmatow meinte, als er sich die Frage nach dem »Weiter« stellte, die Fähigkeit der Menschheit zu einer weiteren Entwicklung zum Guten, zur Liebe und Barmherzigkeit. Wenn der Mensch so wird, wenn er glaubt, daß seine höhere Berufung in dem unvermeidlichen Drang nach einer solcherart Entwicklung besteht - dann ist es ein Wunder Gottes. Das ist der Sinn des Lebens. Das ist der Sinn Gottes.

Fliehen wir nicht vor *dieser* Entwicklung, weil uns spontan bewußt wird, daß wir solch *geistige* Arbeit nicht gewöhnt sind? Viele bevorzugen und scheinen sich mit der mechanischen Arbeit von Industriesklaven zufrieden zu geben, mit einer heute jedoch subtileren Form der Unterdrückung des Menschen durch die Maschine, so unverstanden subtil, daß man sich nicht erniedrigt fühlt. Die Mehrzahl flieht, doch selbst wenn sie noch so sehr überwiegt, bedeutet Mehrzahl noch nicht alle.

»Derjenige lästert die Menschen, der sagt, daß die Leichtigkeit, die Erwartung eines Genusses oder einer Auszeichnung, der Wunsch, eine Art kandierte Pflaume in dieser Welt oder im Jenseits zu bekommen, zu Heldentaten inspiriert! Beim letzten Sterblichen findet man etwas Edleres als solche Beweggründe... Nicht von einer Leckerei probieren, sondern eine edle und erhabene Tat begehen, sich vor dem Himmel rechtfertigen als Mensch, der nach dem Vorbild Gottes geschaffen ist - das wünscht der letzte von Adams Söhnen. Weist ihm den Weg dorthin, und das Herz des unterdrücktesten Sklaven entbrennt in einer heldenhaften Flamme... Die Religion kann nicht Jünger gewinnen, indem sie Nachsicht mit unserem Geschmack übt, sondern indem sie jenen Heldenmut weckt, der im Herzen eines jeden von uns schlummert.« Carlyle

Was aber ist eine Heldentat? Kaum jemand hat darunter bis gestern noch die Arbeit der Seele verstanden. Den meisten ist eine Heldentat der wahnsinnige Mut inmitten des Krieges. Das hat ihnen die herrschende Ideologie eingeflößt, denn sie braucht keine Verfechter des Geistes, sondern Soldaten, die jeden Befehl blind ausführen. »Für uns denkt der Führer!«

Wer wagte auch nur, dagegen etwas einzuwenden? Doch - Tolgonaj, Heldin aus »Der Weg des Schnitters«, stellt die Frage: »Können die Menschen leben ohne Krieg?« Wenn sie gewußt hätte, womit ihr der Gedanke drohte, der sie so ins Herz traf - hätte sie ihn vertrieben? Hätte sie nicht vorher schon den Selbsterhaltungstrieb gewähren lassen, um nicht zuzulassen, daß sie überhaupt etwas derartiges denkt? Man kann es nicht wissen. Aber der Gedanke war formuliert, und selbst wenn sie ihn nicht ausgesprochen hätte - seine Anwesenheit in ihrem Leben war nicht mehr vollständig rückgängig zu machen.

Ich ahne schon die Frage: »Warum Tolgonaj, eine einfache ungebildete Bäuerin?« Steht es ihr zu, die gesamte Weltgeschichte anzuzweifeln, die bekanntlich auf dem Menschenblut basiert, das in endlosen Kriegen vergossen wird?

Ich antworte auf diese Frage mit einer Gegenfrage: Wem steht es sonst zu? Die »weisen« Politiker haben sich herausgeredet, indem sie, wenn nicht die Gesetzmäßigkeit, so doch die Unvermeidlichkeit des Mordes erklärt und im Bewußtsein die abscheuliche Idee durchgesetzt haben, daß der Krieg eine unvermeidliche Fortsetzung der Politik mit anderen Mitteln sei. Was sind die »sittlichen« Qualen der Wissenschaftler wert, nachdem sie den Machthabenden bereits die unheimliche Waffe in die Hände gegeben hatten? Im übrigen bereuen es bei weitem nicht alle.

Tolgonaj ist die Mutter der im Krieg Ermordeten. Nicht der Gefallenen. Für sie ist jeder Krieg ein Schlachthof.

Ich glaube jetzt deutlicher zu verstehen, warum Aitmatow der Versuchung des »Kriegsthemas« widerstanden und nicht versucht hat, den Menschen im Rausche des Mordes an seinem Nächsten darzustellen.

Dennoch hat der Schriftsteller über den Krieg ein erschütterndes Wort gesprochen, in der Szene des Weinens in »Frühe Kraniche« . In diesem Augenblick der unvorstellbaren Tragödie ist Sultanmurat bereit, für seinen Freund, dessen Vater niemals mehr heimkehren wird, auf das Wertvollste zu verzichten - auf die Liebe zu Myrsagül, die auch Anatai liebt. Keiner hätte mehr tun können. Also gibt es etwas, was über das private Glück geht - ein Gedanke, eine Entdeckung, die den Menschen das unaussprechliche Geheimnis des Lebens feiner spüren läßt.

Vor unseren Augen hat sich der Alltag verwandelt. das Leben wird zu einem Epos. Um die Helden herum entfaltet sich scheinbar unabhängig vom Willen des Schriftstellers das großartige Bild des LEBENS, denn nur so kann man das Unerträgliche ertragen. »Nun weinten sie beide, Kinder der Zeit, in der sie lebten und heranwuchsen« - diese Worte scheinen einen Ausweg aus der ausweglosen Tragödie zu weisen. Aber der Schmerz, den die Halbwüchsigen empfinden, ist erst erfüllt, wenn er zur allgemeinen Erinnerung wird, zur Erinnerung, daß die Jungen leben müssen, daß der Mensch nicht sterben darf, weil es andere, Politiker oder Wissenschaftler, so wollten, um *ihrer* Ziele willen, allein weil »ihre Ziele« ihnen so wichtig und bedeutsam schienen. Im Vergleich zum Traum der Tolgonaj vom ewigen Frieden sind sie nichts wert. Vom Frieden als Geschenk Gottes und nicht nur als Abwesenheit vom Krieg.

Das Wort der Tolgonaj bedeutet den Anbruch einer neuen Ära. Keine Religion entsteht eher, als sie im Herzen eines Volkes herangereift ist, das sie als ein nie dagewesenes Ideal der Wahrheit und Schönheit ausgetragen und unter Qualen geboren hat. Dazu muß die Wahrheit, die schon viele seit langem geahnt, aber nicht geglaubt haben, daß sie so *unerhört* einfach und offensichtlich sei, von einem »einfachen« Menschen ausgesprochen werden. »Das Finstere ist ihnen aber verständlicher.« (Pasternak) Es wäre naiv, Tolgonaj zu fragen, ob sie gläubig ist. Es sei denn, wir wollen einen Menschen verwirren. Ebenso lächerlich wäre es, Aitmatow zu fragen, ob er gläubig ist. Ich will ihn keineswegs zum Anhänger einer bestimmten Konfession, sagen wir des Bahá'í-Glaubens, erklären. Warum ausgerechnet dieser? Ich halte ein Buch in den Händen, das ich ihm zum Lesen gegeben habe - »Bahá'u'lláh und das neue Zeitalter«. Sicher fanden folgende Worte Abdu'l-Bahás seine besondere Aufmerksamkeit und Zustimmung:

»Keine Wahrheit kann einer anderen Wahrheit widersprechen. Das Licht ist gut, in welcher Lampe es auch brennen mag, eine Rose ist schön, in welchem Garten sie auch blühen mag. Ein Stern hat den gleichen Glanz, ob er aus dem Osten oder aus dem Westen scheint. Seid vorurteilsfrei, so werdet ihr die Sonne der Wahrheit lieben, an welchem Punkte des Horizontes sie auch aufgeht! Ihr werdet erkennen, daß das göttliche Licht der Wahrheit, wenn es in Jesus Christus schien, dann auch in Moses und in Buddha leuchtete. Der ernsthaft Suchende wird zu dieser Wahrheit finden. Das ... bedeutet auch, daß wir gewillt sein müssen, alles beiseite zu legen, was wir früher gelernt haben und was unsere Schritte auf dem Weg zur Wahrheit hindern könnte. Wir dürfen nicht davor zurückschrecken, nötigenfalls unsere Erziehung von vorne zu beginnen. Wir dürfen unser Auge nicht durch die Liebe zu irgendeiner Religion oder Person derartig blenden lassen, daß uns der Aberglaube in Fesseln schlägt. Wenn wir uns von allen diesen Banden lösen und mit ungebundenen Sinnen suchen, so werden wir auch fähig sein, ans Ziel zu gelangen.« (Seite 230)

Weiter lesen wir auf Seite 275: »Die Mühlsteine des Krieges haben so manches Menschenhaupt zermahlen und zermalmt; ja noch schwerer ist das Los dieser Opfer gewesen. Blühende Länder sind verwüstet, Städte sind dem Erdboden gleichgemacht und fröhliche Dörfer sind in Ruinen verwandelt worden. Väter haben ihre Söhne verloren und Söhne sind vaterlos geworden. Mütter haben blutige Tränen bei der Klage um ihre Kinder vergossen, kleine Kinder sind Waisen geworden und Frauen heimatlose Wanderer. Mit einem Wort: die Menschheit ist in allen ihren Teilen erniedrigt worden. Laut ist der Schrei und das Jammern der Waisen und bitter ist das Wehklagen der Mütter, das im Himmel widerhallt.

Die Hauptursache für alle diese Geschehnisse sind rassische, nationale, religiöse und politische Vorurteile, und die Wurzel aller dieser Vorurteile liegt in abgenützten, tiefeingesessenen Überlieferungen, seien diese religiös, rassisch, national oder politisch. Solange diese Traditionen bleiben, ist die Grundlage des Menschengebäudes unsicher und die Menschheit selbst ständiger Gefahr ausgesetzt.«

Es ist wohl kein Wunder, daß die Ideen Bahá'u'lláhs, dessen Namen der Schriftsteller zuvor nicht gehört hatte, ihn inspiriert zu haben scheinen. Hat nicht die große Weltpoesie, in der die eine große Religion ihren Widerhall gefunden hat, dem Propheten seine Offenbarungen geschenkt? Wer keine Freunde sucht, sagte Schota Rustaweli, ist Feind seiner selbst.

Wer zweifelt die Worte Bahá'u'lláhs an, der lehrte, daß die Sonne der Wahrheit - ähnlich der materiellen Sonne, die über der Erde leuchtet und die natürlichen Organismen zum Wachstum und zur Entwicklung bringt - als göttliche Offenbarung über der Welt der Herzen und Seelen leuchtet und Gedanken, Sitten und Charaktere der Menschen prägt.

Und ebenso wie die Strahlen der natürlichen Sonne die Eigenschaft haben, in die finstersten Winkel der Welt vorzudringen und selbst jenen Geschöpfen, die niemals selbst die Sonne gesehen haben, Leben und Wärme zu schenken, beeinflußt auch die Ausgießung des Heiligen Geistes über den Verkündiger Gottes alles Leben und inspiriert selbst den Verstand jener Völker, denen der Name des Propheten völlig unbekannt ist.

Der Einzug des Propheten ist dem Anbruch des Frühlings gleich. Es ist der Tag der Auferstehung, an dem die geistig

Toten zu neuem Leben auferstehen, an dem die Wahrheit des einen und ewigen göttlichen Glaubens eine Wiedergeburt erlebt und sich wiederherstellt, an dem der neue Himmel und die neue Erde erschlossen werden.

In Abwandlung eines bekannten Goethe-Zitates kann man sagen, daß, wenn dies Baháismus ist, dann sind alle wahren Dichter Bahá'ís. Übrigens zeigte Tolstoi an seinem Lebensabend Interesse für die Lehre Bahá'u'lláhs und war der Meinung, daß sie viel besser als andere dem Geist der Zeit entspricht. 1908 schrieb er an Firdun Khan Badalbekow, daß die Lehre Bahás »die höchste und reinste Form religiöser Lehre« darstellt.

Die Hauptgestalt in Aitmatows Gesamtwerk ist die wunderschöne Welt, die aus der lichtlosen toten Finsternis der Zeitlosigkeit inmitten von unzugänglichen Bergen und Felsen, in der fruchtlosen Sarosek-Steppe auferstanden und erschienen ist. Ein Phantom? Ein Traum? Ich hatte einmal in der Wüste Kara-Kum ein einzigartiges Erlebnis, als vor mir in der glühenden Luft eine Vision erschien - der Sanshar-Tempel. Halbzerstört, hat er die Spuren seiner früheren Größe bewahrt. Die Zeit war plötzlich verschwunden. Rundum lag die Unsterblichkeit.

In den Wüsten verlorene Tempel! Meere, die einst an Stelle von gigantischen Bergkämmen rauschten! Menschen, die hier einst lebten und den Worten von Propheten und Dichtern lauschten! Nein, all das ist nicht verschwunden. Legenden kehren zurück. Ihren Widerhall hören wir in der Sprache von Aitmatows Helden - einer fast biblischen, freien, schlichten, bedächtigen, in ihrer Melodik epischen Sprache. Sergej Salygin sagte einmal: »In 'Der weiße Dampfer' von Tschingis Aitmatow verblüfft mich eine Besonderheit: ein einzelner Absatz seiner Erzählung klingt immer wieder wie ein Märchen, im ganzen ist es aber ein absolut realistisches Werk, das in einer reinen und schönen russischen Sprache geschrieben ist.«

Ich möchte aber weitergehen. Mich interessieren andere Fragen: Wo und von welchen Lehrern hat er gelernt? Was hat er uns wichtiges zu vermitteln? Wie sehr können wir ihm glauben? Man kann doch nur einem absolut aufrichtigen Menschen glauben. So einem Menschen kommt es nicht einmal in den Sinn, sich mit seiner Aufrichtigkeit zu brüsten. Sie ist sein innerstes Wesen, seine ureigene Natur.

Die Menschen warten auf ein Wort, ohne zu wissen auf welches. Das Wort, das ihnen den Schleier von den Augen nähme - die Welt erleuchtete, in der wir leben, so schlimm die vordergründige Wirklichkeit auch sein möge. Das Gefühl der Obdachlosigkeit, der Verlorenheit, der einen Angst, die uns verfolgt, der Sinnlosigkeit des Lebens - kündigten es nicht den Zusammenbruch der kurzlebigen Illusionen, den Zusammenbruch jeglicher Idole und Götzenbilder an?

Wer spricht als erster darüber? Ein solches Gespräch ist für Tolgonaj ihre Pflicht, die Pflicht, ihrem Enkel »die Wahrheit« zu sagen, und das Recht des Kindes, danach zu fragen. Es spielt dabei keine Rolle, wie »fertig« die eigene Antwort ist:

»Die Zeit vergeht, und ich weiß noch immer nicht, wie ich an das Gespräch herangehen soll. Auf alle Art und Weise hab' ich's in Gedanken schon probiert. Aber ich kann grübeln, soviel ich will, ich komm' doch nur zu dem einen Schluß: Wenn er über das Gewesene richtig urteilen, wenn er das Leben richtig verstehen soll, darf ich ihm nicht nur von ihm selbst, von seinem eigenen Schicksal erzählen, ich muß ihm dann auch von vielen anderen Menschen und ihren Schicksalen sprechen, von mir und meiner Zeit, von dir, mein Feld, von unserem ganzen Leben und sogar von dem Fahrrad, auf dem er nichts ahnend in die Schule fährt. Das wird wohl das einzig richtige sein. Denn da ist nichts wegzulassen und nichts hinzuzufügen. Das Leben hat uns alle zu ein und demselben Teig verknetet, zu ein und demselben Knoten verknüpft. Dabei ist die Geschichte so verwickelt, daß auch ein Erwachsener sich nicht immer darin zurechtfindet. Man muß es selbst durchmachen, mit dem Herzen begreifen... Deshalb überlege ich so lange. Ich weiß, es ist meine Pflicht, und wenn ich's fertigbrächte, sie zu erfüllen, dann wär' auch das Sterben nicht so schwer.«

Man kann sich aber nicht zurechtfinden, ohne daß man es durchgemacht hat. Durchmachen bedeutet - mit der Seele begreifen. Das ist die notwendige Bedingung, um die Wahrheit zu sagen. Folglich muß das an jemanden gerichtete Wort das Gefühl für das Leben in all seiner Vielfalt in sich tragen. »Die Weltanschauung ist die innere Sonne des Dichters.« (Nikolai Tichonow)

Dieses Wort ist Poesie.

Die Wahrheit zu sagen, bedeutet vor allem, in ihrer Flamme glühen. In einem Zustand, da jedes Wort den Menschen im Ganzen zum Ausdruck bringt, »da es geschmiedet werden kann, wie glühendes Eisen«.

Das, was sich Tolgonaj offenbart - »es stellt sich heraus, daß jedes Wort seine Zeit hat« -, ist der sittliche und philosophische Inhalt ihres Charakters, des Charakters eines sich bekennenden Helden.

Das rechtzeitig ausgesprochene Wort...

Wer kann genau wissen, wann es nicht nur ein Wort aus dem Vokabular ist, sondern ein lebendiges Wort, das den hohen menschlichen Sinn - die Wahrheit zum Ausdruck bringt, wenn es von Herzen zu Herzen geht? Jemand, der das Drama eines zu spät ausgesprochenen Wortes erlebt hat. »Wenn du die Zeit verpaßt - erkaltet das Wort, versteinert und liegt auf dem Herzen wie eine schwere bedrückende Last, von der man sich nicht so einfach befreien kann.«

Wer ist der Mensch, der so unmittelbar, so ehrfurchtsvoll der nicht von Menschenhand geschaffenen Welt gegenübertritt, ohne es zu proklamieren und es sich als Verdienst anzurechnen, für den diese heilige Beziehung Gesetz und eine Selbstverständlichkeit ist?

Christ, Moslem, Buddhist, Bahá'í - welche Rolle spielt es schon, was für einer Konfession er angehört? Gott ist für alle gleich. Der Lehrer und ältere Freund Aitmatows, Muchtar Auesow sprach einmal mit den Worten Abais: »Ich bin stolz, daß ich nicht nur der Sohn eines Kasachen, sondern der Sohn eines Menschen bin.«

Der Held von Tschingis Aitmatow hat die Verantwortung für die Zukunft übernommen, die er im Triumph des gegenseitigen Verständnisses - der geistigen Einheit aller Menschen sieht.

»Ich unterrichte Geschichte und bemühe mich nach Kräften, den Kindern die Geschichte als Lebenskunde nahezubringen, nicht bloß, wann welcher Krieg war. Ich möchte, daß meine Schüler begreifen, wie und um welchen Preis die menschliche Gesellschaft zu der Notwendigkeit internationaler Gemeinschaft gelangte, der einzigen Art des Zusammenlebens, die freier, gleichberechtigter Menschen würdig ist«, sagt der Lehrer Mambet, Held des Dramas »Der Aufstieg auf den Fudschijama«.

Das klingt unheimlich, wenn man daran denkt, wie viele zur gleichen Zeit mit dem ideologischen Gift, das in schöne Bonbonpapierchen »toter« Worte gewickelt war, vergiftet worden sind. Die elitären Wortvergifter hätten sechzig Jahre früher als Jorgi Amadu ihre Schlußfolgerungen ziehen sollen, der gesagt hat, er habe entdeckt, daß »Stalin nicht der Vater der Völker ist, wie ich immer gedacht habe«, und daß Millionen Menschen »mit Edelmut und Tapferkeit kämpften, in Gefängnisse geworfen und gefoltert wurden - für eine Sache, die es nicht mehr gibt«.

Ein vielerfahrener Intellektueller wird schon irgendeine Ausrede finden, wird seine »Blindheit« rechtfertigen, vielleicht auch noch ein Buch über die Mißgeschicke der verworrenen Seele schreiben. Was soll aber ein ungebildeter Schafhirt, der alte Kommunist Tanabaj, Held der Erzählung »Leb wohl, Gülsary!«, tun, dem plötzlich klar wird, daß er verhöhnt, brutal und hinterlistig betrogen und nicht für einen Menschen gehalten wurde? Wer gibt ihm den Sinn des Lebens zurück? Und schlechthin sein Leben.

Wie soll dieser Held weiterleben? Hat Aitmatow das Recht, ihm zu helfen und den Weg zu weisen? »Die Genres können für einen Schriftsteller unterschiedlich sein, er wählt mal das eine, mal das andere, das Maß an Tragik wählt aber nicht so sehr er selbst, es wählt vielmehr ihn.« (Sergei Salygin)

Das Maß an Tragik, welches die Helden von Aitmatow erleben, ist in ihrer Natur angelegt. Und darin, wie sie sich entfaltet. Wir Leser sehen das stolze Erwachen der menschlichen Persönlichkeit, die ihre Möglichkeiten erkennt und die Größe des Opfers, zu dem der Mensch heute um seines künftigen Glücks willen fähig ist.

Die Helden von Tschingis Aitmatow erleben eine ausweglose Verzweiflung. Nicht von ungefähr tragen sich Aliman und Tanabaj mit Gedanken an den Selbstmord. Was rettet Tolgonaj vor dieser Verzweiflung? Jeder von ihnen hat unterschiedliche Gründe und Motive.

Was hat Aliman, die Heldin aus »Der Weg des Schnitters«, auf diesen tragischen Weg gedrängt? Die Unmöglichkeit und Unfähigkeit, in dieser Welt ohne Liebe zu leben. Ihr Kassym ist im Krieg gefallen. »Verzeih, Mama«, sagte sie leise, »ich wollte fortlaufen und sterben wie er!«

Tolgonaj, der vorher selbst der unerträgliche Gedanke an den Tod gekommen war, rettet sie: »Unbeweglich lag ich da, ich versuchte nicht einmal aufzustehen. Mir war jetzt alles egal. Das Leben hatte keinen Sinn mehr. Ich überlegte, wie ich mich umbringen könnte. Wär' ein Abgrund in der Nähe gewesen, ich wär' hingekrochen und hätte mich kopfüber hinabgestürzt. Es war mir einfach unvorstellbar, wie ich jetzt vor die Menschen hintreten, ihnen in die Augen sehen sollte.«

Das Brot wurde gestohlen - das Saatgut, das Tolgonaj bei den hungernden Menschen eingesammelt hat. Sie hatte es im Namen des Volkes eingesammelt.

»Nur der Tod war ihm noch geblieben. Er mußte ein Ende machen«, dachte Tanabaj, nachdem er aus der Partei ausgeschlossen wurde.

Was hielt ihn davor zurück? Die Erinnerung an sich, an sein Leben, in das er so viel Arbeit investiert hatte. »Das Wasser floß geräuschvoll zwischen den zitternden Fingern, er aber schöpfte es erneut, trank und begoß sich. Er atmete durch, kam zu sich und stellte sich erst dann die Unsinnigkeit dieses Einfalls vor, Selbstmord zu begehen, die Dummheit, mit sich selbst abzurechnen. Wie kann man sich das Leben nehmen, das dem Menschen nur einmal gegeben ist!«

Das Maß an Tragik, welche die erwachsenen Helden von Tschingis Aitmatow erleben, kann anhand der Logik definiert und überwunden werden. Sie ist ein Hindernis, das der Held überwindet und nach dem er fester in seinen Überzeugungen, scharfsinniger und zielbewußter wird. Zugleich ist es natürlich auch der Höhepunkt seines Gefühls, der Gipfel, von dem aus Vergangenheit und Zukunft zu sehen sind. An diesem Punkt überschneiden sie sich.

Deshalb denkt Edige, Held des Romans »Der Tag zieht den Jahrhundertweg«, viele Jahre später: »Das Leben eines Menschen, so bitter es auch sein mag, ist eine Quelle der Weisheit, wenn es aus philosophischer Sicht, aus der Sicht des Schicksals erfaßt worden ist. Mit seiner Unabwendbarkeit und Unvermeidlichkeit.«

Aitmatow reicht aber auch das nicht aus. Er geht weiter und dringt in tiefer liegende Ebenen vor.

Du bist Mensch, eine Schöpfung der unsterblichen Natur, warum hast du das vergessen? Für wen hältst du dich jetzt eigentlich? Wie konntest du, berufen aus dem geheimnisvollen Schoße des Alls, um die Erde mit Arbeit, Liebe und Heldentaten zu schmücken, wie konntest du dich auf das Los der »sprechenden Waffe« einlassen, wie die Sklaven im Alten Rom bezeichnet wurden, oder auf die »auserwählte« Rolle eines Sklavenhalters; auf das abscheuliche Los eines »geizigen Ritters«, der vor seinen Goldschätzen schmachtet, auf die Mission der Wohltäter der Menschheit, selbsternannte »Genies«, die sich eingebildet haben, alle glücklich machen zu können, indem sie »das menschliche Material« umschmieden wollten, worüber ein »Dichter« mit dem unnachahmlichen Pathos eines wahnsinnigen Höhlenbewohners geschrieben hat: »Wenn man aus diesen Menschen Nägel machen könnte, würde es keine festeren Nägel in der Welt geben!« (Nikolai Tichonow)

Der erbärmlichste Torquemada! Wehalb fluchen wir über ihn? Er war doch ein Humanist im Vergleich zu jenen.

Wer hat wann das große Ziel des geistigen Lebens eines Menschen durch das Ziel ersetzt, zweifelhafte Genüsse zu befriedigen, den rebellierenden Leib zu stopfen, das Faß ohne Boden, das immer neue Opfer auf seinem Altar fordert, ob es ultramodernes Spielzeug, technische Errungenschaften oder raffinierte fleischliche Freuden sind?

Aus einem meiner Dialoge mit Tschingis Aitmatow:

»Mensch sein - wer soll man aber sein?«

Aitmatow: »Ich würde lieber fragen - was soll man nicht sein? Nicht ein Gegenstand, für den man gehalten und dementsprechend behandelt wird. Am schlimmsten ist, wenn der Mensch mechanische Beziehungen akzeptiert und sie für normal hält... Vielleicht daraus sogar noch seinen Nutzen zieht: Da hat er weniger Verantwortung zu tragen.

Ein Mensch, der das 'zivilisierte' Sklavenhaltertum bevorzugt, weckt bei mir persönlich keine Hochachtung. Daran hindert mich zum Beispiel Rembrandt. Er ist in tiefster Armut gestorben. Worauf sollen wir da stolz sein? Doch nicht etwa darauf, daß wir 'mit Musik' begraben werden. Mich hindert daran Eleman, der junge Sänger des 'Manas' (kirgisisches Heldenepos) aus 'Die Klage des Zugvogels': 'Wie sollte der Junge schon wissen, daß ihm dank Gottes Gnade bestimmt war, ein Künder des Volkswortes zu werden in den Tagen der Not und der schweren Prüfungen unterm Dsungarenjoch, wie sollte er wissen, daß die Feinde tausend edle Rosse auf seinen Kopf setzen würden und daß er, verraten, gemartert, mit ausgestochenen Augen, unter der glühenden kasachischen Steppensonne umkommen würde!' Wollte er etwa nicht leben wie wir?

Nicht alle sind große Maler und Dichter. Aber alle sind Menschen. Ich bin nicht für einen kärglichen Alltag, sondern gegen einen kärglichen Geist.

Die Zivilisation ist gut, wenn der technische Fortschritt keine Zwangsjacke und keine Kette von Zugeständnissen an den Spießer ist, der seine Zeit auf der Erde, sagen wir, am neuesten Kühlschrank mißt. 'Der reicht mir bis ans Lebensende!' Mir ist nicht zum Lachen. Aber ich kann und werde kein

Mitgefühl für ihn aufbringen. Hier ist es nur ein Schritt zur Heuchelei.«

Wer von uns, Ausgemergelten und Aggressiven, die in den Labyrinthen einer steinernen Ameisenstadt umherwandeln, die wie das heutige Moskau an eine Müllhalde oder in der Abenddämmerung an den materialisierten Wahn eines armen Irren erinnert, wer kann wie Tolgonaj tief aufatmen, so daß der Seufzer wie Musik klingt: »Und die Erde war in jener blauen Nacht mit uns glücklich«? Was soll der Blick eines vom sinnlosen Dasein verzweifelten und müden Menschen am Himmel tun? Deshalb sieht er auch gar nicht erst hoch. Wenn er aber automatisch hinblickt, sieht er nicht, was sie sieht: »Um Mitternacht, in der vollsten Zeit der Nacht, sah ich zum Himmel und erblickte den Weg des Strohmanns - die Milchstraße erstreckte sich über das gesamte Himmelszeit wie ein silberner Streifen zwischen den Sternen. Ich erinnerte mich der Worte von Suwankul und dachte, daß in dieser Nacht vielleicht wirklich ein großer und guter Ackerbauer mit einem riesigen Strohbündel über den Himmel gezogen ist und die Spur von verstreutem Spreu und Korn hinterlassen hat...«

Die Philosophie in diesen Worten liegt nicht an der Oberfläche. Von ihr ist jedes Werk dieses Schriftstellers erleuchtet. Sie entsteht nicht momentan, sondern verbindet die Menschheit durch einen gemeinsamen Weg, durch den leidenschaftlichen Drang, den Traum von der allgemeinen Brüderlichkeit zu verwirklichen. Das mit unwahrscheinlicher Kraft empfundene Gefühl, das zugleich ein Gedanke ist, bildet ein Element des Geistes, welches der Geburt vorausgeht und darüber hinaus neben anderen zur neuen Welt gehört.

Der Mensch, der die geistige Freiheit wie eine Notwendigkeit empfindet, ist höher als der Himmel und ferner als der Horizont. Die Welt wird von seinem Willen, von seinem Wunsch, das Unbekannte zu erkennen, das ihn unwiderstehlich lockt, grenzenlos ausgedehnt. Ist das nicht ein Rätsel des unauslöschlichen Lebensdurstes? Die Menschen suchen über Jahrhunderte. Wieviel Mühe und Heldenmut haben sie auf diesem

Weg an den Tag gelegt. Wieviel wird ihnen noch abgefordert! Wenn man nur wüßte, daß dies auch nicht umsonst ist.

Würde Tolgonaj glauben, wenn ihr jemand im Nachhinein gesagt hätte, daß ihr Freiheitsgefühl eine Illusion war? Ich kann es nicht sagen. Der Augenblick der Freiheit ist alle Schätze dieser Welt wert. »Nicht jener ist arm, der wenig hat, sondern jener, der mehr haben will.« (Seneca)

Die vom Standpunkt eines Besitzers moderner Gegenstände bettelarme Tolgonaj ist reicher als alle anderen in der Welt. Sie besitzt die Früchte ihrer Arbeit. Der Himmel, den ihr die Ahnen vererbt haben, ist das Dach des Hauses, in dem das wertvollste Gefühl eines freien Menschen - die Liebe - entstanden und aufgeblüht ist.

Was soll der Herrscher der Herden, der Schöpfer des Brotes mit einer Krone und anderen Würdezeichen? Ihm reicht ein Ährenkranz am Erntefest.

»Ich möchte leben, um zu denken und zu leiden.« (Puschkin)

Ist so ein Held nicht irreal, verwandelt er sich nicht in ein Symbol, das eine Idee ausdrückt? Wie könnte aus einem Alltagsdrama eine philosophische Tragödie werden?

Bei Aitmatows Geschichten geschieht das von selbst. Seine Helden erleben Zustände, Gedanken und Gefühle, die noch keine aktuelle Kraft gewonnen haben. Sie erleben sie in den Naturgewalten eines neugeschaffenen Mythos, dem diese realen Menschen der neuen Welt unaufhaltsam entgegengetrieben werden.

Mir erscheinen die leidenschaftlich ignoranten und deshalb um so verbissenen Diskussionen der Kritiker über das Recht (?!) des Schriftstellers auf den Mythos zumindest als ein naiver Irrtum. Was für ein Recht hat ein sogenannter Kritiker, den es zum Beispiel nach Belletristik dürstet, einen Künstler zu beschuldigen, daß er dort »Poesie« sieht, wo er, der Kritiker, nichts sieht bzw. gern »Prosa« sehen würde - eine nach seinen Vorstellungen reale Wirklichkeit? »Ich werde niemals an die 'Prosa' glauben, es gibt sie nicht, ich bin ihr kein einziges Mal im Leben begegnet, nicht einmal ihrer Schwanzspitze. Wenn unter allem, hinter allem und über allem Götter, Leiden, Geister, Schicksale, Schwingen und Schwänze sind - was kann es da noch für eine Prosa geben? Wenn alle auf einer sich drehenden Kugel leben?! In der Feuer brennt.« (Zwetajewa)

Woher kommt der Aitmatow-Held und auf welche Weise ist er entstanden, der *so* lieben und *so* leiden kann, daß das gesamte Leben um ihn herum, das scheinbar dem Untergang geweiht und in einen Kreis eingeschlossen war, sich verwandelt und eine Wiedergeburt erlebt hat? Von einem Tag auf den anderen entstanden nie dagewesene Sujets; festgefahrene menschliche Beziehungen krachten in allen Fugen und neue wurden aufgebaut; das Dasein änderte sich; der Mensch erlangte erneut die Sicherheit, daß er zu Erde, Sonne und Bergen sprechen und die Geschichte »das Blut der im Krieg Gefallenen« als Zeugen anrufen kann.

Wenn wir der Kunst so vieles abfordern - Notwendigkeit, Pflicht und Berufung - sind wir dann nicht zu nachsichtig mit uns selbst, den Lesern, Hörern und Zuschauern? Die echte Kultur ist die Kultur der Wahl, nicht die Konsumlust. Und schon gar nicht die blinde Nachahmung der Mode, dieser abscheulich banalen Fehlgeburt des geistigen Spießertums. Indem wir zu Opfern des »Schlagerdenkens« werden, verrraten wir willkürlich oder unwillkürlich die echte Kunst. Dasselbe tun wir, wenn wir denken, daß wir uns das Leben »erleichtern«, indem wir Unterhaltungslektüre lesen. Wir berauben uns selbst, indem wir in die geistige Sklaverei geraten und letztlich der finsteren und kärglichen Unwissenheit verfallen. Bei wem sollen wir uns dann beklagen? Dann werden wir wohl das größte Geschenk der Natur - zu sehen und zu verstehen - annehmen wollen, aber es nicht mehr können. Vielleicht wird dann gerade das Unverständnis, warum und für welche Sünden wir verschwinden müssen, zur letzten Barmherzigkeit des Lebens.

Die Erzählweise Aitmatows trägt einen Widerhall von fernen Stimmen, Gedanken und Gestalten, die scheinbar mit dem heutigen Leben nichts zu tun haben. Sie offenbaren den Durst nach einem außergewöhnlichen Leben, von dem die Menschheit durchdrungen ist und den die Künstler besonders unmittelbar empfinden: Es ist auch der Durst nach seinem eigenen Weg, nach Arbeit und Sternen, nach der Erkenntnis seiner selbst als eines unbekannten Landes; nach dem Sinn des Lebens - wozu bist du geboren; und danach, welches Wort dir gehört - in deinem Mund erhält es die Frische des ersten Eindrucks und die Schönheit der Urnatur.

Aitmatows Helden sind durchgeistigt und von der Erwartung des Außergewöhnlichen beseelt.

Das Wunder ist im Weg eines Menschen verborgen. Es ist das Wunder der Begegnung, die das Schicksal prägt.

Diese Aufnahmefähigkeit der Helden Aitmatows, ferne Stimmen und Gefühle hören zu können, rührt von ihrer unwahrscheinlichen Gabe her, alles Tragische und Schöne auf der Erde nachzuempfinden. Sie entdecken in der Begeisterung des Glücks, das ihre Herzen erweitert, die Sterne. Es ist ihnen zu eng auf Erden. Sie wollen in den gesamten Raum der Welt eindringen und in ihm aufgehen - um ihn zu ertragen und ihn so, wie er ist, ohne Übertreibung zu erleben.

Das, was unerwartet, sogar seltsam erscheinen könnte, gewinnt im ethischen und ästhetischen System des Schriftstellers einen tiefen Sinn, in seiner Auffassung vom Leben als einheitlichem Prozeß des Seins, in dem kein Mensch von der Menschheit getrennt werden kann, weil sie ohne ihn unvollständig wäre; sein Schicksal ist die Fortsetzung anderer, uns unbekannter Schicksale, Leben, Lieder, Erschütterungen und Geschichten der Liebe.

Man ertappt sich beim Wunsch, ständig auf die Poesie und auf die Geschichte zurückzugreifen. Das ist nicht verwunderlich: In vielen lyrischen Situationen, in welche die Helden Aitmatows häufig geraten, treten der besondere Zustand und das Lebensgefühl zutage, die die Poesie prägen.

Zweifellos liegt Aitmatows Begabung in der Poesie, begleitet von dem alten Melos. Mit Aitmatows Worten gesprochen, »kann man das Leben nur mit Musik erfassen«.

Was das uns, seinen Lesern abfordert, ist klar: Wir müssen der Melodie und dem Rhythmus der »ewigen Sage von der Ewigkeit des Lebens eines Menschen« lauschen. »Die Menschen sind mehr Dichter und Künstler, als sie denken.« (Herzen)

Über die Lehren eines Schriftstellers kann man dann reden, wenn der Leser einen wahrhaft künstlerischen Genuß von seinem Werk erfahren hat. Den Sinn der Kunst in die Sprache strenger Logik zu übersetzen versuchen, ist ein vergebliches Unterfangen. Ich werde es auch nicht unternehmen. Ich möchte nur, daß wir die Worte Tolstois im Gedächtnis behalten: »Man muß sich in den Zustand eines Kindes versetzen«, oder uns an die Aussage von Descartes erinnern und sich sagen: »Ich weiß nichts, ich glaube an nichts und ich will nur eines: die Wahrheit des Lebens erkennen, die ich zum Leben brauche«. Und vielleicht passen auch die Worte von Paul Valery: »Ich denke wie ein Rationalist, doch ich handle wie ein Mystiker.«

Wie durchdringend und beklemmend ist das Zeugnis der Kosmonauten, die unseren Planeten in der Form eines blauen Sterns gesehen haben. So klein, daß er scheinbar in den eigenen Handflächen Platz fände. Man möchte ihn bemuttern wie ein Kind. Das sind die Worte von Neil Armstrong, die der Ausdruck tiefer, leuchtender Zärtlichkeit sind.

Wenn man von der Höhe spricht, von der die Kunst auf das Leben blicken muß, dann ist dies das Herz des Menschen, welches so groß ist wie seine Liebe zur »kleinen« Erde im unendlichen Weltall. Man kann kühn sagen, daß seit dieser Zeit der Mensch im Besitz eines neuen ungewöhnlichen Gefühls der Liebe ist: der Liebe zur Menschheit. Zum Teil auch dank Tschingis Aitmatow. Das Gefühl ist um so wertvoller, da es im geistlosen Weltenchaos die ewige Kostbarkeit des Lebens bestätigt, sie lieben macht - und dadurch Menschsein ermöglicht, in gegenseitiger Offenheit zueinander. Nur in diesem Fall kann man darauf hoffen, daß Gott noch bereit ist, uns zu ertragen. Doch diese Chance ist die letzte.

Neue Horizonte Bücher